Cuadernos de lógica, epistemología y lenguaje

Volume 1

Gottlob Frege
una introducción

Volume 1
Gottlob Frege. Una introducción by Markus Stepanians
Traducción de Juan Redmond

Cuadernos de Lógica, epistemología y lenguaje
Series Editors: Shahid Rahman and Juan Redmond (Université Lille 3)

Scientific Committee: Andrés Rivadulla (Universidad Complutense); Angel Nepomuceno Fernández (Universidad de Sevilla); Javier Legris (Universidad de Buenos Aires); Jorge Roetti (Universidad de Bahía Blanca); Juan Manuel Torres (U.T.N.-Regional Mendoza); Marcelo Coniglio (Universidade Estadual de Campinas); Olga Pombo (Universidade de Lisboa); Rafael Marin (Université Lille 3); Ulises Moulines (Universität München); Víctor Fernández (Universidad de San Juan); Walter Carnielli (Universidade Estadual de Campinas).

Gottlob Frege
una introducción

by Markus Stepanians

Traducción de Juan Redmond

© Individual author and College Publications 2007. All rights reserved.

ISBN 978-1-904987-58-1

College Publications
Scientific Director: Dov Gabbay
Managing Director: Jane Spurr
Department of Computer Science
Strand, London WC2R 2LS, UK
kcp@dcs.kcl.ac.uk

Translation from German. Original book *Gottlob Frege zur Einführung* by Markus Stepanians, published by Junius Verlag GmbH.

Original cover design by orchid creative   www.orchidcreative.co.uk
Printed by Lightning Source, Milton Keynes, UK

All rights reserved. No part of this publication may be reproduced, stored in a retrieval system or transmitted, in any form, or by any means, electronic, mechanical, photocopying, recording or otherwise, without prior permission, in writing, from the publisher.

Contenido

A modo de prefacio: Frege por él mismo ix

1. Introducción: vida y obra de Frege 1

2. El proyecto de Frege: La pregunta por la fuente de
   conocimiento de la aritmética 11
   § 1. "Sin modelo de claridad lógica"   11
   § 2. Orden a través de la axiomatización: la propuesta de Dedekind   12
   § 3. La base axiomática: remontar a sus orígenes el
        encadenamiento de consecuencias.   15
   § 4. Tres fuentes de conocimiento   16
   § 5. Analítico y sintético, a priori y a posteriori.   18
   § 6. La fuente de conocimiento lógico y el lenguaje   22
   § 7. La tesis logicista: la aritmética es analítica   23
   § 8 La lógica como la más universal de las ciencias   25

3. La necesidad de una conceptografía 29
   § 1. El caso de la inducción completa   29
   § 2. La idea de una prueba formal   31
   § 3 La imposibilidad de realizar pruebas formales en los "lenguajes
        naturales"   33
   § 4 La (idea de una) conceptografía   34
   § 5 Letras y generalidad   38
   § 6 Argumento y función en lugar de sujeto y predicado   43
   § 7 El sistema axiomático de la conceptografía   45

4. El argumento de Los fundamentos de la
   aritmética 47
   § 1. Sentido y finalidad de *Los fundamentos de la aritmética* (1884) 47
   § 2 Tres principios metodológicos   48
   § 3 "El número afirma algo sobre un concepto"   51
   § 4 La objetividad de los conceptos   53
   § 5 Los números son objetos autónomos   55
   § 6 La pregunta crucial: ¿Cómo nos son dados los números?   57
   § 7 El "principio contextual"   57

§ 8 Determinación del sentido a través de criterios de identidad 59
§ 9 Estrategias de Frege para la definición 60
§ 10 Identidad para los Números: el principio de Hume 62
§ 11 El problema del Cesar 63
§ 12 Definición explícita de Frege recurriendo a la extensión de los conceptos 64
§ 13 Dos condiciones de legitimidad para la definición explícita 66
§ 14 La ley fundamental V y la antinomia de Russell 67
§ 15 Principio de Hume y Teorema de Frege 73

5. Filosofía de la lógica de Frege: "significado" 76
§ 1 Legitimación semántica de las reglas para obtener conclusiones 76
§ 2 El principio *salva veritate* y el principio de realidad 78
§ 3 Objeto, valor veritativo y concepto 79
§ 4 Argumento y función 84
§ 5. Los conceptos son funciones y los valores veritativos son objetos 86
§ 6. Conceptos de categorías superiores, relaciones entre conceptos 89

6. Imperfecciones lógicas y otras complicaciones del lenguaje natural 92
§ 1 Imperfecciones lógicas y contextos de modificación de significados$_F$ 92
§ 2 Rigidez lingüística: "*El concepto caballo no es un concepto*" 93
§ 3 Insignificancia$_F$ y "ficción" 96
§ 4 Discurso directo, entrecomillado y discurso indirecto 101

7. Teoría del "sentido" en Frege 107
§ 1 ¿Para qué sirve el sentido$_F$? Semántica del estilo indirecto 107
§ 2 ¿Para qué sirve el sentido$_F$? Aspectos semánticos y epistémicos 108
§ 3 El mismo significado$_F$ pero distinto valor cognoscitivo 110
§ 4 Los pensamientos y sus partes: composicionalidad del sentido$_F$ 111
§ 5 Un criterio de identidad para el sentido$_F$: la evidencia de la identidad de significado$_F$ 113
§ 6 El sentido$_F$ es objetivo, las representaciones son subjetivas 116
§ 7 La relación entre sentido$_F$ y significado$_F$ 117
§ 8 Los sentidos$_F$ como premisas y conclusiones de argumentos 119

8. Ser-verdadero y reconocer-como-verdadero **121**
 § 1 La verdad es absoluta   121
 § 2 La omnipresencia del sentido$_F$ de "verdadero"   122
 § 3 La objeción de Frege contra la circularidad de todo intento la
    definir lo "verdadero"   123
 § 4 ¿Es la verdad una propiedad?   126
 § 5 Juzgar es reconocer un pensamiento como verdadero   129
 § 6 Pensar en ausencia de juicio   130
 § 7 Pensar y juzgar el mismo pensamiento   132
 § 8 Pensar no es producir pensamientos   133
 § 9 Calificar de verdadero y la "fuerza aseverativa"   136

Cronología **138**

Bibliografía **140**

Notas **142**

A modo de Prefacio: Frege por él mismo

La obra de Gottlob Frege (1848-1925) es una de las obras capitales de la filosofía contemporánea y constituye el pilar de la filosofía analítica. En efecto, la obra de Frege que compartió en su origen diversos intereses y bases teóricas con la escuela de Franz Brentano y Edmund Husserl tomó luego un curso diverso y original que sentó las bases de la filosofía analítica. Una filosofía en la que, como bien señala Michael Dummett, el análisis lógico del lenguaje es considerado como el único acceso posible al pensamiento. Esto último le permite a Dummet proponer ese mismo método de análisis como el puente entre ciencia y filosofía. La ciencia es concebida entonces como un conjunto de oraciones (en modo asertórico) que expresan proposiciones y la filosofía de la ciencia deviene así el estudio de las relaciones lógicas entre tales proposiciones. Filosofía y ciencia vuelven a recuperar de este modo la relación interna que se desvaneció entre los esplendores y abismos del post-kantismo. Más aún, a través de la obra de Frege la lógica recupera el rol aristotélico de instrumento (organon) en la búsqueda de las proposiciones que fundamentan las teorías científicas. Fundamentación que Frege entiende como el proceso lógico por el cual se establece el vínculo con el objeto último al que se refieren las proposiciones: el objeto *verdad*. En suma, la ciencia tal como la vislumbra Frege es el lugar en el que confluyen lógica y verdad[1] y su filosofía es el análisis que pone en evidencia una confluencia tal.

Como lo atestiguan mis líneas anteriores, por las singulares características de esta obra, es fácil sucumbir a la tentación de abordar los escritos de Frege desde sus consecuencias y resultados y explicar de este modo su labor desde el exterior al centro. Partir por ejemplo de la filosofía del lenguaje o de la ciencia contemporáneas, o del nacimiento de una nueva filosofía de la matemática, o desde los debates recientes entre realistas platonistas, realistas moderados, conceptualistas, antirrealistas y pragmatistas para concluir con una calificación y clasificación que sitúe la obra de Frege en el mosaico del pensamiento contemporáneo. Markus Stepanians, autor de esta excelente introducción

---

[1] En Wittgenstein la tesis deviene: ciencia es el lugar en el que confluyen lógica y hechos.

a la obra de Gottlob Frege, no sucumbió a esa tentación. Aquello que a mi juicio distingue la obra de Stepanians de otras introducciones y que justifica su publicación, más allá de la necesidad evidente de una obra de este tipo en lengua castellana, es precisamente la interpretación interna que propone al lector.[2]

En otras celebradas exposiciones de Frege hay un programa filosófico muy determinado que guía la lectura de la obra y que a veces parece ir en detrimento de la comprensión de la dinámica interna de la teoría de Frege.[3] En efecto, en algunos de los autores de estos comentarios se hace manifiesta la voluntad de mostrar que Frege era o bien un filósofo del lenguaje o bien un matemático o bien un kantiano o bien un platonista. Por medio de la interpretación interna mencionada anteriormente que se contrapone a tales introducciones y exposiciones de la obra de Frege, Markus Stepanians nos presenta una introducción en la que la génesis y el desarrollo del pensamiento de Frege son tratados como un entramado con conexiones sistemáticas. No se trata simplemente de exponer, por ejemplo, su teoría del concepto de número y su filosofía general del lenguaje (sentido y denotación), sino más bien de mostrar cómo la dinámica interna de la teoría fregeana lo conduce del primer aspecto de sus investigaciones (teoría del número) al segundo (filosofía del lenguaje) y de cómo ambos se vinculan con el proyecto general de su filosofía. Esta estrategia hace del libro una verdadera introducción para el lector no iniciado que de otro modo se encontraría con la dificultad de entrever los lazos profundos que establece Frege entre fundamentos de la matemática, lógica, semántica y

---

[2] Stepanians adoptó este método en su obra mayor: *Frege und Husserl über Urteilen und Denken*, Paderborn/München: Schöningh, 1998. Para un comentario ver: Rahman, S., 2001-2002: Essay on Djenozka: *Russell on Modalities and Logical Relevance* and Stepanians: *Frege und Husserl über Urteilen und Denken*; en History and Philosophy of Logic, vol. 22, 2001, pp. 99-112.

[3] Por mencionar algunas de las más nombradas: E. Anscombe/ P. Geach, *Three Philosophers*, Oxford: OUP, 1961 ; Michael Dummett : *The Philosophy of Language*, London: Duckworth, 1973, *The Interpretation of Frege's Philosophy*, London: Duckworth 1981, *Frege and Other Philosophers*, Oxford: OUP, 1991, *Frege, Philosophy of Mathematics*, London: Duckworth 1991; Kenny, A., *Frege*, Massachussetts : Blackwell 1995; Von Kutschera, F., *Gottlob Frege*, Berlin/N.York: de Gruyter; R. Stuhlmann-Laeisz, *Gottlob Freges « Logische Untersuchungen »*, Darmstadt: WB, 1995; Thiel, C., *Sentido y Referencia en la lógica de Gottlob Frege*, Madrid: Tecnos, 1972, traducción de *Sinn und Bedeutung in der Logik Gottlob Freges*, Meisenheim: Hain, 1965.

filosofía del lenguaje, los que Stepanians expone con precisión y concisión.

Prof. Dr. Shahid Rahman
(Université de Lille 3)

Nota del Traductor

Título original de la obra:
Gottlob Frege zur Einführung

La siguiente edición corresponde a la primera producción de la serie Cuadernos de Lógica, Epistemología y Lenguaje, editada por *college publications* y el grupo Pragmatismo Dialógico de la Universidad de Lille 3, bajo la dirección del Prof. Dr. Shahid Rahman y con la colaboración de la Unité Mixte de Recherche 8163: Savoirs, Textes et Langage.

Las citas refieren las ediciones alemanas originales según consta en el detalle hecho por el propio autor al final del libro. Para traducirlas nos servimos de los textos que se encuentran al final de esta nota.

Muy especialmente deseo agradecer el apoyo recibido de Guillermo Cuadrado (Mendoza), Tatiana Bodrazic (Wiesbaden), Enzo Vendemmia (Barcelona), por la atenta lectura y las correcciones de Paula Ripamonti (San Martín), Gustavo Dalmasso (Mendoza), Aldo Redmond y Delia Cesarino (mis padres).

Traducciones utilizadas:
Frege, G., *Conceptografía, Función y concepto, Sobre concepto y objeto, ¿Qué es una función?*, Trad: Hugo Padilla, UNAM, México, 1972.
Frege, G., *Fundamentos de la aritmética*, Trad: Ulises Moulines, Laia, Barcelona, 1972.
Frege, G., *Estudios sobre Semántica*, Trad. Ulises Moulines. Madrid, Orbis, 1985.
Frege, G., *El pensamiento, Una investigación lógica*, Trad. y notas: Gustavo Dalmasso, *Philosophia*, 1993/94, tomo II, pp.217-306.
Dedekind, R., *¿Qué son y para qué sirven los números?*, Trad: José Ferreiros, Madrid, Alianza, 1998.

1. INTRODUCCIÓN: VIDA Y OBRA DE FREGE

"Frege (1848-1925) fue el fundador de la lógica moderna. Como lógico y filósofo de la lógica se puede comparar con Aristóteles; como filósofo de las matemáticas nadie lo iguala en la historia de la filosofía". Con estas palabras comienza el artículo que Anthony Kenny dedica a Gottlob Friedrich Ludwig Frege en su *Historia ilustrada de la filosofía occidental*. En la actualidad esta apreciación es ampliamente aceptada pero esto no siempre fue así. Especialmente durante sus años de vida, Frege no recibió el reconocimiento que merecía. Para sus contemporáneos, tal como narra por aquellos días su incomparablemente más prestigioso colega Edmund Husserl (1859-1938), era un "excéntrico de ingenio agudo pero que ni como matemático ni como filósofo se trataba de alguien originalmente productivo". (WB, 92) Cuando Husserl escribe esto en 1938, las revolucionarias innovaciones de Frege en lógica eran ampliamente aceptadas, aunque su paternidad no fuera siempre reconocida. Si bien Frege halló en la segunda mitad del siglo veinte un creciente reconocimiento como lógico, en cuestiones filosóficas se lo consideró hasta hace poco más bien como una mera fuente de estímulo que aportó importante material de reflexión para programas e ideas, las que luego serían repensadas en profundidad y desarrolladas en detalle por espíritus presuntamente más creativos como Bertrand Russell (1872-1970), Ludwig Wittgenstein (1889-1951) o Rudolf Carnap (1891-1970). Recién en los últimos 30 años se ha hecho manifiesto que la influencia de Frege sobre estos pensadores, como así también sobre la filosofía del siglo 20, va mucho más allá de sus innovaciones técnicas o de poseer el rol de un mero incentivo para la reflexión lógica. Su propia teoría filosófica no es para nada inferior en originalidad y profundidad a la de sus sucesores, y en ocasiones, incluso, los supera. Una mirada rápida en las revistas especializadas de filosofía basta para mostrar que se encuentra entre los pensadores más discutidos del siglo veinte. Que su trabajo fuera estudiado y valorado principalmente en Inglaterra y USA, lo debe Frege en primer lugar al gran aprecio que le tenían Russell y Wittgenstein, quienes vivían y trabajaban en Cambridge. En el prólogo de su obra más importante, los *Principia Mathematica*, (escrita en colaboración con A.N. Whitehead), Russell reconoce con su característica generosidad lo siguiente: "La mayor parte de las preguntas concernientes a cuestiones lógico-analíticas se las debemos a Frege"[1]. Por su parte, Wittgenstein parece haber conocido de memoria pasajes enteros de los escritos de Frege, y en su obra se encuentran más alusiones directas e indirectas a él que a ningún otro pensador. Wittgenstein visitó a Frege reiteradamente y mantuvo con él una correspondencia en un tono de creciente amistad. Así relata a un amigo inglés, tiempo después, sobre el primer encuentro: "Le escribí a Frege exponiéndole algunas objeciones a sus teorías y aguardé ansioso por su respuesta. Para mi gran placer, Frege me escribió y me invitó a visitarlo. Cuando arribé [...] fui conducido a su estudio. Frege era un hombre pequeño, pulcro y con una barba puntiaguda, que saltaba alrededor del cuarto mientras hablaba. Él realmente acabó conmigo y me sentí muy deprimido; pero al final dijo: «Usted debería volver nuevamente» y eso me reanimó"[2]. En el prólogo de su *Tractatus logico-philosophicus*, Wittgenstein remite expresamente a los muchos incentivos que él debía a las "grandiosas obras de Frege". Aún en su obra más tardía, *Las investigaciones filosóficas*, discute una y otra vez de modo directo e indirecto el pensamiento de Frege. Incluso, muchas de sus observaciones se tornan entendibles si uno primero se familiariza con las concepciones de Frege, quien es seguramente el único filósofo a quién Wittgenstein apreció profundamente durante toda su vida.

A primera vista la gran influencia de Frege sobre la filosofía del siglo veinte puede parecer enigmática, pues él no era originalmente un filósofo sino un matemático interesado en la fundamentación de su ciencia. No sólo el tema de su doctorado sino también su habilitación fueron trabajos matemáticos. Luego de la misma (1874), enseñó en el departamento de matemáticas de la Universidad de Jena, primero como docente adjunto habilitado sin contrato permanente (Privatdozent) y luego como profesor extraordinario sin cátedra. Finalmente, desde 1896, se desempeñó como profesor ordinario y honorario de matemáticas del mismo departamento y en la misma universidad (en verdad nunca obtuvo una cátedra propia). Todas las investigaciones filosóficas de Frege se dirigían en última instancia a responder una sola y notable pregunta, cuya formulación produce un efecto más bien esotérico: ¿Qué son los números? Frege respondió que eran algo puramente lógico y de allí que toda oración aritmética debía poder ser probada sólo mediante el empleo de principios lógicos universales. Él quiso mostrar, paso a paso, que con medios puramente lógicos se podía probar que 2+2=4. En ello consiste, pues, su programa "logicista".

Pero ¿cómo se puede explicar que este proyecto matemático-filosófico iniciara una nueva orientación en la filosofía teórica y convirtiera a Frege -según expresa su más distinguido intérprete, Michael Dummet- en el *"primer filósofo moderno"* y en el padre de la filosofía analítica del lenguaje?. La razón de ello reside menos en el programa logicista mismo que en la precisión de su análisis y en los métodos que había inventado para su ejecución. En primer lugar se encuentran sus descubrimientos en el área de la lógica. El sistema lógico creado por el joven Frege en su *Conceptografía* (1879) juega en la lógica moderna el mismo rol revolucionario que la mecánica newtoniana en la física moderna. Naturalmente siempre se ha tenido conciencia de la fundamental importancia de una lógica apropiada para la filosofía. Ya Aristóteles la había desarrollado como una disciplina filosófica propia y había aplicado los conocimientos adquiridos en ella a la solución de problemas filosóficos. En la escolástica esta búsqueda alcanzó un grado extremo de sutileza. Sin embargo, al mismo tiempo se hizo cada vez más claro que la lógica aristotélica, a fin de cuentas, no era capaz de cumplir con aquello que los filósofos habían esperado de ella. Más tarde, en el comienzo de la Edad Moderna, se impuso la creencia de que la lógica era filosóficamente estéril y el ocuparse seriamente de ella se convirtió en una de las primeras víctimas del menosprecio instalado entonces por todo lo escolástico. En su lugar, todo conocimiento filosófico fundamental se aguardaba de la Teoría del conocimiento, y comenzó entonces a pregonarse con asiduidad lo que Frege caracterizaría más tarde como "la leyenda de la esterilidad de la lógica pura". (Gla, §17) Él fue el primero en aclarar que el error no residía en la lógica sino en determinadas hipótesis fundamentales que los aristotélicos habían asumido al elaborar esta disciplina. Consideró especialmente como una superstición que había entorpecido durante siglos el progreso de la lógica y también de la filosofía, la convicción de que todas las oraciones aseverativas podían ajustarse a la forma lógica "S es P". Sin duda, su logro filosófico más significativo consistió en haber restituido a la lógica sus antiguos derechos.

Malentendidos concernientes a la forma lógica de nuestras oraciones son, para Frege, el fundamento de numerosos errores en filosofía. Cometemos muy fácilmente ese tipo de errores "porque solemos pensar en algún idioma y porque la gramática, que para el lenguaje posee un significado similar al de la lógica para el pensar, entremezcla lo psicológico y lo lógico". (NS, 6) Como antídoto contra las tentaciones de los lenguajes naturales, el joven Frege recomendaba a los filósofos -en su publicación de 1879- el uso de un lenguaje artificial inventado por él: la "conceptografía" [ver nota 16, N. del T.], cuya gramática fue concebida exclusivamente desde un punto de vista lógico. La conceptografía no fue un mero instrumento técnico para solucionar ciertos problemas lógico-matemáticos especiales, sino un instrumento preciso y flexible para el análisis y reformulación puntual de tesis y argumentos de toda clase. Si bien Frege en principio quiso aplicarlo ante todo a los problemas de la fundamentación de la matemática, había visto ya desde el comienzo que su importancia científica excedía por lejos ese campo de aplicación. Insistentemente Frege recomendó su uso a los filósofos como herramienta para luchar contra los engaños del lenguaje: "Si una tarea de la filosofía es la de quebrantar el imperio de la palabra sobre el espíritu humano, al descubrir engaños causados casi inevitablemente por el uso del lenguaje para expresar relaciones entre conceptos, y al hacer esto libera al pensamiento de aquellas cosas que sólo provienen de la naturaleza del medio de expresión lingüístico de tal pensamiento, entonces mi Conceptografía, más desarrollada (que el lenguaje natural) para estos fines, podría ser un instrumento útil para los filósofos". (BS, xii s.) Aunque la propuesta de Frege fue en su momento poco apreciada, el uso de este instrumento para los análisis lógicos se ha convertido en nuestros días en una norma. Una introducción a la lógica clásica (es decir, fregeana), constituye en la mayoría de las Universidades un componente imprescindible para una formación filosófica sólida. Con su discurso sobre "la lucha permanente [...] contra el lenguaje y la gramática" (NS, 7), Frege formula un leitmotiv de la filosofía analítica del siglo veinte. Hallamos un eco de esto tanto en los escritos de Wittgenstein ("La mayoría de las preguntas y oraciones de la filosofía provienen de no entender nuestra lógica de lenguaje"³) como así también en los polémicos textos programáticos del círculo de Viena, en los cuales se exige una "superación de la metafísica" mediante el "análisis lógico del lenguaje"⁴. Algunos quizás esperaron demasiado de este instrumento que Frege puso en sus manos. Sin embargo, casi nadie pondría hoy seriamente en duda que gracias a la conceptografía se alcanzó un ponderable aumento en claridad y transparencia en el análisis lógico y en la crítica de tesis y argumentos filosóficos.

Pasados cinco años de la *Conceptografía*, Frege publica *Los fundamentos de la aritmética* (1884). Debido principalmente a este manuscrito es considerado como el filósofo más importante de la matemática (e incluso algunos consideran este libro como uno de los mejores textos filosóficos jamás escritos). El objetivo principal es la presentación y justificación del programa logicista mencionado más arriba, con el cual Frege quiso mostrar que la aritmética es subsidiaria de la lógica. En un lugar decisivo de su análisis del concepto de número reemplaza con toda intención la pregunta por la esencia del número por una formulación emparentada expresamente con la teoría del lenguaje: pregunta entonces por el sentido de expresiones numéricas como "cero" o "uno". Con ello efectuó definitivamente aquél viraje lingüístico que décadas más tarde Wittgenstein erigió en programa universal: "*Toda filosofía es «crítica del lenguaje»*"⁵. En la famosa comunicación *Sobre sentido y significado* de 1892, Frege profundiza este planteo y llega al esbozo de una teoría del significado que aún hoy, luego de más de cien años, se halla en el centro de numerosas controversias.

La tercera publicación en forma de libro de Frege fue *Las leyes fundamentales de la aritmética*, originalmente programado en tres tomos. Con ella quería concluir su programa logicista y coronar la obra de su vida. Carnap, que ocasionalmente había estudiado con él, cuenta en sus memorias que ninguna editorial estaba dispuesta a publicar los manuscritos de Frege. Por esta razón debió finalmente hacerla imprimir corriendo él mismo con todos los costos. El primer tomo apareció en 1893. Frustrado por el hecho de que su publicación prácticamente no había obtenido ninguna resonancia en el mundo de los especialistas de su área, dejó transcurrir casi diez años antes de publicar el segundo tomo. En junio de 1902, cuando el segundo tomo estaba ya en prensa, recibió una carta de Cambridge con malas noticias: Russell había descubierto una contradicción en su minuciosa argumentación, exactamente en aquel pasaje que él mismo, en el Prólogo de *Las leyes fundamentales*, había señalado como posible único talón de Aquiles de su proyecto. (Cf. Gg I, vii) La respuesta inmediata de Frege a la comunicación de Russell deja entrever su profunda conmoción. No obstante, expresa la esperanza de que este resultado no deseado sería finalmente provechoso para la ciencia: "Su descubrimiento de la contradicción me ha dado la mayor de las sorpresas y casi podría yo decir que me ha conmocionado porque en virtud de él, el fundamento sobre el cual había yo pensado estructurar la aritmética ha quedado tambaleando [...]. De todos modos su descubrimiento es muy notable y quizás tendrá como consecuencia un gran progreso para la lógica". (WB, 213) Sesenta años más tarde Russell escribe lo siguiente sobre la reacción de Frege:

"Cuando medito sobre actos de integridad y dignidad, advierto que no hay nada conocido para mí que sea comparable a la entrega de Frege a la verdad. Toda la obra de su vida estaba a punto de culminar. Importantes partes de su trabajo habían sido ignoradas por otros hombres infinitamente menos dotados; el segundo tomo acababa de ser publicado y cuando descubrió que una de sus hipótesis fundamentales era errónea reaccionó con placer intelectual reprimiendo claramente todos los sentimientos de desilusión. Fue casi sobrehumano y un signo impresionante de aquello de que los hombres son capaces cuando se entregan plenamente al trabajo creativo y al saber, antes que a crudos esfuerzos por dominar y ser conocidos."[6]

En un epílogo rápidamente redactado para el segundo tomo de *Las leyes fundamentales*, Frege intenta reparar su sistema debilitando la »hipótesis« errónea de la que hablaba Russell. No obstante, no advirtió, evidentemente, que las pruebas centrales de su proyecto no pueden realizarse con la hipótesis debilitada. Hoy ya sabemos que igualmente se deriva de ella una contradicción.

Si Frege no se percató de esto, no fue debido a una actitud negligente. Por aquel tiempo lo ocupaban cosas mucho más importantes que su éxito científico y académico. Su señora Margarete había enfermado gravemente y falleció en 1904 teniendo solamente 48 años. La pareja no tuvo hijos y Frege se quedó solo. Algunos años más tarde adoptó un jovencito llamado Alfredo, del cual él había sido su tutor. Parece haber retomado nuevamente su trabajo científico alrededor de 1906. Es probable que para entonces le resultara claro, que la solución propuesta en el epílogo al problema descubierto por Russell no alcanzaba su objetivo. Seguramente lo intentó aún por otros caminos aunque sin éxito. Comentarios de testigos afirman que pasó el resto de su vida enfermo y con depresión. Carnap, que escuchó sus clases entre 1910 y 1914 (a veces los únicos oyentes eran él y un comandante retirado), da la siguiente descripción del estado de ánimo de Frege por aquellos días:

"Su trabajo era prácticamente desconocido en Alemania; ni matemáticos ni filósofos le prestaban ninguna atención. Frege tenía evidentemente una profunda decepción y en ocasiones estaba amargado por esta indiferencia [...] Se le veían los años que tenía. Era de pequeña estatura, bastante tímido y muy introvertido. Apenas miraba a sus oyentes. Normalmente veíamos sólo sus espaldas mientras escribía y aclaraba en el pizarrón los extraños diagramas de su simbolismo. Nunca, ni durante las ejercitaciones ni después, planteó una pregunta a un estudiante o hizo alguna observación. La posibilidad de una discusión parecía totalmente impensable"[7]

En algún momento durante esos años Frege debe haber perdido toda esperanza de salvar su proyecto logicista: "Yo propuse la idea de que la aritmética es una rama de la lógica". (NS, 299) Luego de convertirse en profesor emérito en 1918, ya con setenta años, intentó nuevamente presentar de modo completo aquella parte de su filosofía de la lógica que no había sido afectada por la antinomia de Russell. Era muy importante para él "llevar a casa la cosecha de mi vida para que no se perdiera". (WB, 45) Los artículos producidos fueron *El pensamiento* (1918), *La Negación* (1919) y *Articulación de pensamientos* (1923).

Sobre la personalidad y carácter de Frege sabemos aún menos que de su vida. Wittgenstein nos cuenta que nunca habló con él de otra cosa que no fuera de matemáticas y lógica. Cierta vez intentó dirigir la conversación hacia un tema diferente pero Frege, con una amistosa indicación, retornó a la discusión sobre lógica. Más de uno desearía hoy que así hubieran permanecido. Mientras menos conocidas fueran las inclinaciones políticas de Frege, más fácil resultaba considerarlo una persona simpática. Pero la publicación en 1994 de su diario de notas del año 1924 es, pues, en este sentido, decepcionante. Allí con-

fiesa ser partidario de ideas políticas de extrema derecha, aunque esto no era nada extraño tratándose de profesores universitarios de la República de Weimar.
Él se describe como un liberal de los de antes (T, 1080), de aquellos que marcados por la perdida guerra mundial, el duro tratado de paz de Versalles y la abdicación del emperador a una nacionalidad alemana, se habían convertido en antisemitas, antisocialistas y antidemocráticos. Un colega de sus primeros años de Jena, el matemático R. Haussner, describe las convicciones políticas del viejo Frege del siguiente modo: "Él era monárquico como yo y odiaba realmente tanto la social-democracia como cualquier otra democracia, a las que sólo podíamos agradecerles el infeliz final de la guerra y la deshonrosa paz de Versalles". (T, 1057) De hecho Frege hablaba de la social-democracia como de una "peligrosa enfermedad" que debilitó tanto a Alemania que otros hallaron el coraje necesario "para atacarla". (T, 1069) Consideraba la República de Weimar como no alemana o como impuesta desde afuera: "No ha mostrado acaso la experiencia y no vuelve a mostrar siempre cuán inadecuado es en el fondo el sistema parlamentario que nos ha sido impuesto por el oeste. Él no es propiamente alemán ni surgido en suelo alemán". (T, 1083) Sin embargo, sostiene Frege, no sólo el socialismo y la democracia serían los culpables de la miseria de la "pobre patria": "Solo en los últimos años he llegado a comprender realmente el antisemitismo". (T, 1087) Un poco antes había escrito: "Se puede reconocer que hay muchos judíos en Alemania y que además esto es una desgracia pues son demasiados y poseen los mismos derechos políticos que los ciudadanos de origen ario; y cuán pocos en Alemania tienen el anhelo de que los judíos pierdan sus derechos o, mejor aún, que pudieran desaparecer". (T, 1092) Que Frege abrigara semejantes convicciones políticas, sorprenderá especialmente a aquellos que lo han conocido a través de sus escritos científicos, como a un pensador sumamente racional. Él mismo da una explicación que confirma que no sólo estaban en juego aquí motivos racionales. Remite al importante rol de los elementos emotivos para los juicios políticos: "para juzgar correcta e inteligentemente en cuestiones de estado corresponde también una disposición interior positiva frente al propio país". Este "prejuicio" puro y emocional sería el "amor a la patria". "No se trata de un juicio en el

sentido de la lógica y tampoco de algo que se tenga por verdadero, sino de cómo uno se dispone interior y anímicamente con respecto a algo. Sólo el ánimo está involucrado, no el entendimiento, y el ánimo habla sin haber consultado antes al entendimiento". (T, 1094) Juzgar correctamente en cuestión política no es jamás un acto racional puro. En su lugar, pues, podría servir como "raíz de una posición política" una componente irracional y emocional distinta: "no siempre parece ser exigible el amor a la patria para tener una posición política. A veces parece poder sustituirse por la ambición política. Otras veces puede ocurrir que el amor por la patria y la ambición coincidan" (T, 1094) Frege no llegó a experimentar cómo, finalmente, el "amor a la patria" y la ambición política sustituyeron definitivamente todo elemento racional y hacia dónde condujo todo ello. Murió con setenta y seis años la noche del 25 al 26 de julio de 1925 en Bad Kleinen y fue enterrado en Weimar.

El trabajo realizado en este libro ha sido acompañado por las observaciones y los comentarios de Ali Behboud, Christoph Fehige, Wilfried Hinsch, Wolfgang Künne, Bernd Ludwig, Ulrich Nortmann, Charles Parsons, Christian Thiel y Kai Wehmeier, quienes gracias a sus correcciones evitaron que cometiera muchos errores. Por las demás indicaciones y correcciones como así también por el estímulo y las palabras reconfortantes quiero agradecer también a: Frank Esken, Dietfried Gerhardus, Richard Heck, Dieter Janssen, Henning Kniesche, Kuno Lorenz y Helge Rückert. Agradezco muy particularmente a Rotraud Hansberger por haber leído el manuscrito repetidas veces y por haberle realizado incontables mejoramientos. Pero el mayor apoyo y la ayuda más constante vinieron, como siempre, de Alenoosh Stepanians.
Dedico este libro a la memoria de mis abuelos.

2. EL PROYECTO DE FREGE: LA PREGUNTA POR LA FUENTE DE CONOCIMIENTO DE LA ARITMÉTICA

§ 1. "Sin modelo de claridad lógica"

En el inicio de sus investigaciones, Frege manifiesta un profundo descontento con la formación en teoría de la matemática de su tiempo. Cita a Karl Snell (1806-1886), su antiguo profesor de Jena: "en matemática todo debe ser tan claro como 2+2=4. En este sentido, si algo misterioso aparece aquí, es un signo de que no todo está en orden". (NS, 300) Y, efectivamente, en la perspectiva de Frege, casi nada lo estaba. Cabe recordar que por aquel entonces la matemática disfrutaba, injustamente, del prestigio de ser la ciencia exacta por excelencia: "Las matemáticas deberían ser, en rigor, un modelo de claridad lógica. Pero en realidad, quizás no se encuentre en los escritos de ninguna otra ciencia expresiones más distorsionadas y, por tanto, pensamientos más distorsionados, que en los escritos matemáticos". (WiF, 666) Las "expresiones distorsionadas" eran, de acuerdo con su criterio, sólo el síntoma externo de confusiones conceptuales no reconocidas en las cabezas de los matemáticos. Los "pensamientos distorsionados" resultantes los consideraba como potenciales impedimentos para el progreso matemático. Esta es, precisamente, una de las tareas fundamentales que Frege propone a los matemáticos de su tiempo, i.e., lograr la máxima transparencia lógica y claridad para los conceptos fundamentales de la matemática, aquella de la cual por su esencia es ella capaz.

El motivo principal de Frege era, sin embargo, de naturaleza filosófica. Desde su punto de vista, su viejo profesor había subestimado la seriedad del asunto. No cabía duda del gran progreso que se produciría si todo fuera tan claro como "2 x 2=4". ¿Ahora bien, cuán claro es que 2 x 2=4? Nadie puede seriamente poner en duda que esta oración es verdadera. Sin embargo, la certeza de su verdad se encuentra en aguda contradicción con la falta de claridad, respecto de aquello de lo cual esta verdad depende y en lo que esta certeza se apoya. ¿Qué se dice con 2 x 2=4? Una respuesta obvia diría: "Esta oración trata de una propiedad del número dos según la cual: si lo multiplicamos por si mismo da cuatro" Con ello el propio problema se manifiesta: ¿Qué es el número dos del cual aquí se trata? En general: ¿Qué son los números de la aritmética y cómo alcanzamos su conocimiento y sus propiedades? La incapacidad de los matemáticos y de los filósofos de dar una respuesta satisfactoria a esta pregunta fue considerada por Frege como un escándalo. Dar una respuesta amplia y definitiva fue la tarea de su vida.

§ 2. Orden a través de la axiomatización: la propuesta de Dedekind

En la perspectiva de Frege, la condición no sistemática de la aritmética se encontraba en claro contraste con los comparativamente más claros contornos de la geometría (euclidiana), la cual se aproxima bastante al ideal de ser una ciencia probada y exacta. Ya Euclides, en su libro *Elementos* (300 a. de C.), había dado a la geometría la forma de un sistema axiomatizado, conforme a las recomendaciones teóricas y científicas de los Analíticos posteriores de Aristóteles. Con ese fin separó ante todo una lista sinóptica de conceptos geométricos fundamentales, conceptos que no podían seguir siendo analizables y que en ese sentido eran elementales. Luego, con la ayuda de estos conceptos elementales, Euclides formuló unas pocas leyes fundamentales y universales (los Axiomas), cuya verdad era tenida como evidente y, por ello, no necesitaban fundamentación. Como complemento se añade una cantidad limitada de reglas, las cuales, a su vez, permiten la derivación de otras tesis (teoremas) a partir de las leyes fundamentales. De este modo se obtiene una teoría cuya arquitectura es sumamente clara: por un lado el fundamento bajo la forma de una lista sinóptica de axiomas inmediatamente evidentes; por otro y basado en lo anterior, la (comúnmente) infinita cantidad de teoremas que se pueden alcanzar desde aquella base axiomática y a través de reglas de derivación unívocas. Inversamente, la verdad de un teorema es totalmente justificable recurriendo a la base axiomática finita.

La ventaja de una presentación axiomatizada se encuentra sobre todo en la reducción de todos los teoremas a un núcleo axiomático sinóptico [captable en un golpe de vista, N. del T.], el cual abarca no sólo las leyes fundamentales sino también los elementos conceptuales fundamentales de toda la teoría. Además, la derivación paso a paso de los teoremas aclara las relaciones lógicas de dependencia entre las distintas verdades y con ello vislumbra de qué premisas depende un juicio. Frege describe la ventaja de una exposición axiomatizada del siguiente modo:

"Parece natural derivar los juicios compuestos de los más simples, no para hacerlos más ciertos, que en la mayoría de los casos sería innecesario, sino para hacer resaltar las relaciones de los juicios entre sí. Es patente que no es lo mismo conocer meramente las leyes que conocer también cómo se compadecen unas con otras. De esta manera se obtiene un pequeño número de leyes en las cuales si se aceptan las contenidas en las reglas, se incluye el contenido de todas aunque no desarrollado. También es una ventaja del modo deductivo de presentación el que enseñe a conocer ese núcleo. Puesto que de la inabarcable cantidad de leyes formulables no se puede enumerar todas, entonces no se alcanzará la totalidad, como no sea buscando aquellas que, por su fuerza, contengan en sí a todas". (BS, § 13)

Por más de dos milenios los *Elementos* de Euclides fueron un modelo inigualable para las teorías científicas. Su modo ejemplar de probar more geometrico fue, también, un ideal indiscutido de argumentación precisa. Es sorprendente que recién en el siglo XIX se emprendiera un intento serio de instituir la aritmética, esta otra disciplina matemática fundamental, con un fundamento axiomático siguiendo el modelo euclidiano. Su núcleo lo constituye la teoría de los números naturales. Se busca para ello una lista sinóptica de leyes universales que abarque todas las propiedades esenciales de los números naturales 0, 1, 2, 3, 4...y que "por su fuerza", como dice Frege, contenga en sí las restantes leyes aritméticas (incluida la infinita cantidad de fórmulas numéricas que tratan de determinados números, como por ejemplo 2 x 2 = 4)[8].

Por aquellos días e independientemente de Frege, el matemático Richard Dedekind (1831-1916) se ocupó con las mismas preguntas. En 1888 publicó sus resultados en un escrito intitulado *¿Qué son y para qué sirven los números?* [trad. de José Ferreiros, N. del T.]. Dos años más tarde propuso en una carta a un colega de Hamburgo[9] (de conformidad con el tema) las siguientes cinco leyes fundamentales como base axiomática de la aritmética:

- el 0 es un número natural;
- el siguiente de un número natural es otro número natural;

- el 0 no es el siguiente de ningún número natural;
- si el número "c" es el siguiente de "a" y "b", entonces a=b;
- si el 0 posee una propiedad, y si el siguiente de cada número natural posee la misma propiedad que éste, esa propiedad la tienen todos los números naturales.

Otro investigador de fundamentos, Giuseppe Peano (1858-1932), alcanzó los mismos resultados poco después pero de forma no totalmente independiente de Dedekind. En nuestros días la mayoría denomina a esta lista como "axiomas de Peano" pero de forma progresiva se los está empezando a conocer como "Axiomas de Dedekind y Peano" (que es históricamente más correcto). El problema de cómo alcanzamos las verdades en el conocimiento matemático se redujo, a través del trabajo de Dedekind, a la pregunta por el modo de conocer esas cinco leyes fundamentales y eso constituye ya un gran progreso. Frege no sabía de estas investigaciones y formuló para su proyecto una lista propia que, ciertamente, es equivalente a la de Dedekind[10]. Pero para Frege esta reducción a unos pocos principios (los de Dedekind o los suyos propios) no era el fin, sino, en el mejor de los casos, el comienzo de la tarea de clarificación propiamente dicha. Una mirada a las hoy más conocidas leyes fundamentales de Dedekind y Peano, permite explicar de manera simple las razones por las cuales Frege creía en esto. En primer lugar no se trataba realmente para Frege de axiomas en el sentido propiamente aristotélico-euclidiano, esto es, de *principios primeros* que son verdaderos y que no necesitan ni son capaces de prueba[11]. Según la creencia de Frege, en primer lugar, no sólo pueden ser probados sino que tienen que serlo pues su verdad no es evidente. En segundo lugar, los análisis conceptuales emprendidos para determinar el status epistemológico de la aritmética no eran satisfactorios. Ellos no conceden aún ninguna respuesta a la pregunta por las fuentes del conocimiento matemático verdadero. Una explicación satisfactoria debe también descomponer hasta sus últimos elementos conceptuales los conceptos de *cero*, *número natural* y *siguiente* que Dedekind había dejado sin explicar. En una ciencia exacta, según el ideal de Frege, se debe probar todo lo que se puede probar y la mayoría de los conceptos deben ser completamente analizados. Llegados a este punto estamos en posición, por primera vez, de responder a las preguntas filosóficas mencionadas y que constituyen el motivo supremo de las investigaciones de Frege: ¿Qué son los números? y ¿qué sabemos de ellos y de sus propiedades?

§3. La base axiomática: remontar a sus orígenes el encadenamiento de consecuencias.

Frege responde a la pregunta por la esencia del concepto de número, en el curso de su respuesta a la segunda pregunta epistémica por la fuente de conocimiento de las verdades aritméticas. Para ello debemos ir más allá de las leyes fundamentales de Dedekind y Peano y hallar los axiomas de la aritmética. Se trata de hallar las verdades primigenias que llevan con derecho ese nombre pues constituyen los elementales y no más demostrables fundamentos de esta ciencia. Tendríamos, así, ante nosotros *in nuce* todos los elementos conceptuales con los cuales se construyen las leyes y conceptos aritméticos complejísimos derivables a partir de ellos.

¿Cómo hallaremos este núcleo axiomático? Quien tiene la pretensión de haber logrado un conocimiento, debería poder fundamentar su juicio (a menos que sea espontáneamente evidente). Frege distingue dos clases de fundamentos de juicio: aquellos que justifican el reconocimiento de la verdad en cuestión y aquellos que simplemente nos inducen al juicio sin contener una justificación. Fundamentos que sólo inducen a juzgar pueden, por cierto, aclarar cómo llega alguien a tener algo por verdadero, pero no contribuyen en nada a aclarar la cuestión de si eso es verdadero. Normalmente la exigencia de una fundamentación no procede de un interés en la génesis histórico-biográfica de los actos de juzgar. Apunta más bien a la impersonal y no-histórica justificación de la pretensión de verdad reclamada por él. Pero su justificación se conecta, como acentúa Frege, "con la naturaleza interna de la oración considerada". (BS, ix) Los fundamentos de justificación, por otra parte, se dividen en dos subclases: en verdades y en los que en sí mismos no lo son. Frege llama "concluir" a aquellas fundamentaciones de juicio que utilizan como recurso una o más verdades ya reconocidas como tales. Pero concluir puede muy bien no ser la única forma de justificación: "Los fundamentos [...] que justifican el reconocimiento de una verdad se hayan a menudo en otras verdades ya reconocidas. Pero si en general conocemos verdades esto no puede ser el único modo de justificar. Tiene que haber juicios cuya justificación descanse en algo distinto [...]. Juzgar en tanto que se es consciente de otras verdades como justificación se llama *concluir*" (NS, 3) Tenemos por seguro en primer lugar que Frege, en vistas de sus respectivas justificaciones, distingue dos tipos de verdades: 1- verdades cuyo reconocimiento es justificable mediante el obtener conclusiones y 2- verdades "cuya justificación depende de algo distinto". Es natural pensar que en el primer caso estamos hablando de justificaciones deductivas y en el segundo de no deductivas. Las justificaciones deductivas tienen la ventaja de que el juicio que debe justificarse *tiene* que ser verdadero si es que son verdaderos los juicios a los que uno apela como premisas. La desventaja radica en que el juicio dudoso siempre es justificado de modo relativo respecto a la verdad de las premisas. Para una justificación absoluta debemos exigir también una justificación para aquellos juicios que son premisas y, a su vez, para las premisas de esta nueva argumentación y así siguiendo hasta topar con verdades para cuya justificación no sea necesario recurrir a otras verdades. La cadena de consecuencias total que se alcanza a través de este remontar a sus orígenes, constituye la prueba de la originaria y justificada verdad. (Cf. NS, 220)

§4. Tres fuentes de conocimiento

Sólo luego de descubrir la base axiomática "esperamos poder indagar con éxito las fuentes de conocimiento de donde proviene la ciencia". (BSPe, 362) Frege toma la expresión "fuentes de conocimiento" de Immanuel Kant (1724-1804). Por ello entiende "aquello por medio de lo cual queda justificado el reconocimiento de la verdad, esto es, el juicio". (NS, 288) Se trata de una caracterización general de la fuente de justificación más óptima para cada verdad originaria que constituya el miembro final de una cadena deductiva de justificaciones. En ese sentido, según hemos visto, se debe tratar de verdades "cuya justificación se funde en algo diferente". Hay dos tipos categoriales diferenciados de verdades no más demostrables: leyes universales evidentes (Frege dice también "autoentendibles" o "inmediatamente claras"), "las cuales en si mismas no necesitan ni son aptas para una demostración", y "hechos", esto es, "verdades indemostrables y sin universalidad que contienen afirmaciones sobre objetos particulares" (Gla, §3)[12]. Los primeros son axiomas propiamente dichos, los últimos no merecen en rigor este nombre porque no sólo les falta la evidencia sino también la universalidad característica de las leyes. Los axiomas son, conforme en gran parte a la comprensión aristotélico-euclidiana de Frege, verdades que se expresan de manera típica con juicios universales ("Todos los F son G", "Cada uno es F", "Si algo es F, entonces es G"), en los cuales el discurso trata de conceptos y no de objetos. Por el contrario "los hechos" son "verdades indemostrables sin universalidad que contienen afirmaciones sobre *objetos* particulares". Ellas son, entonces, verdades de la forma "a es F" o "aRb", en las que aparte de un concepto F o de una relación R el discurso también se ocupa de objetos. Estas dos formas diferenciadas de verdades indemostrables constituyen para Frege el fundamento último de nuestro conocimiento.

Ahora bien, ¿sobre qué se funda nuestro conocimiento de cada verdad primitiva y que constituye el último eslabón de una cadena deductiva de justificaciones? Sobre los "hechos de la experiencia", afirma Frege, esto es, la justificación de su aceptación como verdadero estriba en la percepción sensible. Con respecto a las leyes universales evidentes, preguntar por sus fuentes parece inadecuado pues su verdad convence de modo inmediato a quien las capte. ¿No estamos diciendo con esto que no requiere de una justificación en el sentido de una legitimación externa y complementaria? Al menos respecto de las verdades evidentes no debemos entender la pregunta por las fuentes últimas de conocimiento como la expresión de un deseo de legitimación de los juicios, sino como la pregunta por la naturaleza de su fuerza persuasiva. Frege remarca que la ganancia filosófica de la investigación de las bases axiomáticas de una ciencia consiste, ante todo, en "proporcionar una comprensión de la naturaleza de esta evidencia". (Gg I, viii) Algunas de estas verdades universales son evidentes porque se trata de leyes elementales de la lógica; otras porque "están garantizadas por la intuición espacial[13]". (WB, 70) Las leyes de la lógica son las leyes más universales del concluir, i.e., de la justificación de verdades recurriendo a otras verdades. Su campo de aplicación es universal, pues tienen validez allí donde quiera que se piense. El campo de validez de las leyes de la intuición es estrecho. Según Kant, ellas son las leyes fundamentales más universales de nuestra aprehensión de espacio y tiempo y por eso están limitadas en su validez al ámbito de lo espacio-temporal. Puesto que, para Frege, la geometría es la ciencia del espacio, la intuición es su fuente última de conocimiento: Por "intuición me refiero a una fuente de conocimiento geométrico, la misma fuente de la cual fluyen los axiomas de la geometría". (NS, 298) En resumen podemos decir que hay tres fuentes de conocimiento de las cuales extrae su justificación el reconocimiento de verdades primitivas de la física y de la matemática: "Divido las fuentes de conocimiento para las matemáticas y la física como sigue: 1- percepción sensorial, 2- la fuente de conocimientos geométricos, 3- la fuente de conocimientos lógicos". (NS, 298) Puesto que en cada ciencia se obtienen conclusiones, la fuente de conocimientos lógicos está siempre presente. Para la prueba de leyes de la física deben ser incluidas finalmente verdades cuya aceptación sólo en recurso a la experiencia sensible encuentran su justificación. Y sobre los axiomas de la geometría sabemos ya que la apelación a la intuición es para ella esencial. Aunque Frege expresamente no lo confirmó, sería natural pensar que estas tres fuentes de conocimiento pueden ser entendidas como facultades: facultad de percibir sensiblemente, de pensar lógicamente y de tener intuiciones.

§5. ANALÍTICO Y SINTÉTICO, A PRIORI Y A POSTERIORI.

Frege tenía en claro que no era el primero que intentaba responder a la pregunta por las fuentes últimas de las verdades matemáticas. En su texto *Los fundamentos de la Aritmética* se ocupa de las investigaciones de sus predecesores en forma detallada y por separado. Desarrolla esta discusión mediante el uso de una terminología epistemológica introducida en el sentido habitual (incluso hoy) por Kant y que él mismo ajustó con precisión para sus propios fines. Se trata de las expresiones "a priori", "a posteriori", "sintético" y "analítico":

"Las distinciones antes mencionadas entre a priori y a posteriori, sintético y analítico no atañen, según mi opinión, al contenido del juicio, sino a la legitimidad del acto de juzgar.[...] Si una oración es calificada de a posteriori o analítica, desde mi punto de vista, no están juzgando las circunstancias psicológicas, fisiológicas y físicas que han hecho posible formar el contenido de la oración en la conciencia, ni tampoco de qué manera ha llegado otra persona, quizás erróneamente, a considerarla verdadera, sino cuál es la razón última en que está basada la justificación de tenerla por verdadera. De este modo se arranca la cuestión del campo de la psicología y se asigna al de la matemática, si es que se trata de una verdad matemática Su objetivo, pues, es encontrar la prueba y remontarla hasta las verdades originarias. Si, por este camino se llega a leyes lógicas generales y a definiciones, entonces se tiene una verdad analítica, para lo cual se presupone que también se toman en consideración las oraciones en las que se basa la admisibilidad de una definición. Si, por el contrario, no es posible llevar a término la prueba sin utilizar verdades que no son de naturaleza lógica general, sino que están relacionadas con un campo particular del saber, entonces la oración será sintética. Para que una verdad sea a posteriori se exige que su prueba no pueda ser validada sin alguna apelación a los hechos; es decir, a verdades indemostrables y sin universalidad, que contienen afirmaciones sobre objetos particulares. Si, por el contrario, es posible llevar a cabo la prueba partiendo de leyes generales únicamente, que no pueden ni precisan ser demostradas, entonces la verdad es a priori." (Gla, §3)

Una verdad es analítica si su mejor justificación se basa sólo en las leyes de la lógica y en las definiciones a menudo necesarias para fundamentaciones precisas. De lo contrario es sintética. Para reconocer verdades analíticas como verdaderas basta un mero reflexionar apoyado exclusivamente en un pensar racional y, por lo tanto, su fuente de conocimiento es la facultad del pensar racional. Por el contrario, la sola reflexión no es suficiente para la justificación de verdades sintéticas. Ellas requieren además de la ayuda de la percepción sensible y/o de la intuición. Estos juicios deben su justificación a los testimonios de la percepción externa de los sentidos (en ese caso serían sintéticos a posteriori) o al testimonio de la intuición pura (en este otro caso sería sintético a priori). Podríamos sintetizar las distinciones epistemológicas que Frege realiza del siguiente modo:

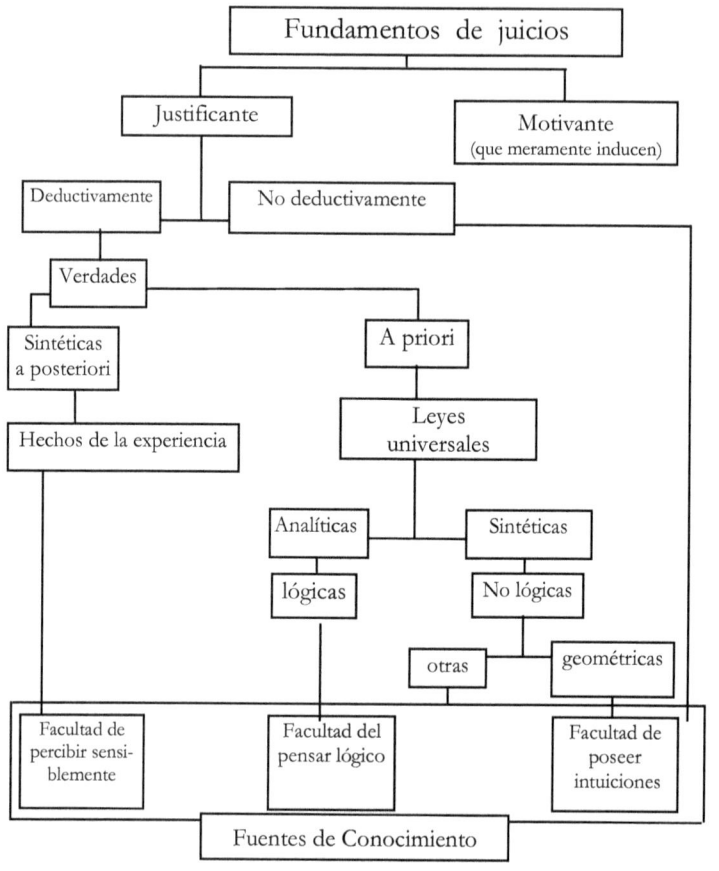

Advirtamos aquí que la fuente de conocimiento lógico no sólo participa en la justificación de las leyes lógicas últimas e indemostrables sino en todas las formas de justificación deductiva. El pensar lógico consiste para Frege primeramente en concluir deductivamente. Queda pendiente cuáles fuentes de conocimiento son las adecuadas para una óptima justificación tanto para verdades no deductivamente justificadas en general (comparar rama externa derecha) como así también para la justificación última de verdades no lógicas y no geométricas indemostrables (ver columna "otras"). Frege no dejó indicaciones para ello en ninguna parte de sus escritos[14]. Puesto que su prueba "no procede sin la referencia a los hechos" y que los hechos "no son de naturaleza lógica en general", todas las verdades deben ser al mismo tiempo sintéticas y a posteriori.

La aclaración de Frege a estas distinciones es un gran progreso frente a las muchas veces oscuras formulaciones kantianas. Sin embargo, en algunos sentidos deja aún mucho que desear. Para decidir si una verdad es analítica o sintética, a priori o a posteriori, es necesario -según Frege- "hallar la prueba y remontarla hasta sus verdades primitivas". ¿Qué sucede pues con aquellas verdades para las cuales no es posible una prueba como, por ejemplo, los axiomas de una teoría?[15] La explicación de Frege no se puede aplicar aquí pero con respecto a su indicación general de que a pesar de todas las distinciones se trata de aquello "sobre lo cual se basa en última instancia la justificación del tener por verdadero", podríamos reemplazar de forma generalizada su formulación del siguiente modo: Es importante hallar la justificación de las verdades indemostrables y reconducirla hasta su respectiva fuente de conocimiento. Las verdades lógicas primitivas resultan ser analíticas, las geométricas son sintéticas a priori y, por último, los hechos de la experiencia son sintéticos a posteriori. Advirtamos aquí que "verdades" significa lo mismo que "juicios verdaderos" y que siempre se trata de "la justificación de un acto de juzgar". Frege excluye explícitamente el empleo de las distinciones kantianas para juicios falsos. También existen para él innumerables verdades en otro sentido: verdades que aún nadie ha reconocido como verdaderas y que quizás nunca sean reconocidas. Parece absurdo preguntar por la justificación de un juicio que nunca fue pronunciado. Sin embargo, de igual modo estas verdades pueden ser reconocidas en principio como verdaderas aún cuando nunca se les ocurriera a un ser humano. Incluso para ellas vale, según esto, que hay una mejor justificación posible de su juicio potencial, aunque ella quizás para siempre se nos oculte por razones de principio.

§6. La fuente de conocimiento lógico y el lenguaje

Para la pregunta de cómo es calificada una verdad en el marco de las distinciones kantianas, es decisivo saber cuál es *la mejor posible* de las justificaciones. Para Frege queda sobreentendido que es preferible una justificación a priori que una a posteriori. La facultad del pensamiento lógico ocupa la primera posición en el orden jerárquico de las fuentes de conocimiento: "es patente que la más firme es la prueba lógica pura, la cual, prescindiendo de las características particulares de la cosa, sólo se funda en las leyes sobre las que descansa todo conocimiento". (BS, ix) El criterio implícito de Frege para determinar esta jerarquía es, ciertamente, el grado de certeza que proporciona una fuente de conocimiento. Cuanto más alta es la probabilidad de engaño, más abajo se encuentra en el orden jerárquico de las fuentes de conocimiento. Puesto que la información proporcionada por los sentidos proviene del mundo exterior, tiene especial propensión hacia los errores: "los sentidos nos proporcionan algo exterior y de allí se comprende la mayor probabilidad de errar que en la fuente de conocimiento lógica la cual parece estar totalmente en nosotros y por eso se encuentra protegida frente a impurezas". (NS, 288) Pero no sólo el pensamiento lógico sino también la facultad de las intuiciones puras se ubica "dentro nuestro" y de allí que ocupe el segundo lugar en la jerarquía. En último lugar se encuentra la experiencia sensible y es la menos confiable debido al constante peligro de engaño de los sentidos. Sin embargo, debemos ser cuidadosos pues la fuente de conocimientos lógicos no se encuentra a salvo de engaños debido a la estrecha vinculación del pensamiento humano con signos sensorialmente perceptibles. En correspondencia directa con lo citado, Frege escribe lo siguiente: "Pero la apariencia engaña. En efecto, nuestro pensar está estrechamente vinculado con el lenguaje y, por eso, con el mundo sensible exterior. Tal vez nuestro pensar es primero un hablar que luego se convierte en un representar del hablar. El pensar silencioso sería entonces un hablar que se ha vuelto carente de sonido, que transcurre en la representación. Por cierto también se puede pensar con signos matemáticos; sin embargo también aquí tenemos una conexión del pensar con lo sensible". (NS, 288)

Puesto que es necesario emplear expresiones lingüísticas adquiridas inicialmente mediante la percepción sensible, se cometen errores en el pensar y la causa de ello se encuentra, precisamente, en esas expresiones. En la nota recién citada, procedente de su último año de vida, Frege habla por propia y amarga experiencia. El fracaso del trabajo de toda su vida

Como veremos más adelante, el fracaso del trabajo de toda su vida Frege lo redujo en último término a una ilusión lingüística. Ilusión a la que él, a pesar de los cuidados, sucumbió. (ver Cap. 6, §3) Pero desde el inicio fue claramente consciente de este peligro y dispuso, como apenas lo había intentado otro filósofo, de gran cantidad de medidas precautorias. El deseo de una protección máxima frente a las engañosas sugestiones de la gramática del lenguaje natural, es uno de los motivos capitales de la invención de una "Conceptografía". El título completo de su libro es: *"Conceptografía –un lenguaje de fórmulas, semejante al de la aritmética, para el pensamiento puro"*. Con este *"lenguaje de fórmulas [...] para el pensamiento puro"* esperaba minimizar el influjo de los medios de expresión sobre el pensamiento (especialmente el lenguaje natural). Ciertamente la Conceptografía[16], como Frege remarca, no tornará puros los pensamientos, pero estas discrepancias "se pueden limitar a aquellas inevitables e inocuas". (BS, xiii)

§7. La tesis logicista: la aritmética es analítica

Según la perspectiva de Frege, la matemática de su tiempo se descompone en dos disciplinas: geometría (es decir, la euclidiana) y aritmética (incluido el análisis). Frege cree que ya Kant había contestado correctamente a la pregunta por el fundamento de nuestro conocimiento de las verdades geométricas: él se apoya en última instancia en la intuición pura y por ello es sintético a priori. En contra de la interpretación de los filósofos empiristas como es el caso, entre otros, de John Stuart Mill (1806-1873), no se tiene en cuenta la percepción sensible, entendida como fuente de conocimiento geométrico, puesto que los "objetos de la geometría, el punto, la recta, el plano y otros

[...], propiamente no son perceptibles a través de los sentidos". (NS, 285) Lo mismo para la reflexión pura, es decir, la que sigue un camino puramente lógico. Según la interpretación de Frege ésta sola no podría fundamentar los axiomas de la geometría y, por eso, permanece aún como fuente de conocimiento la intuición pura. En referencia entonces a la geometría, la pregunta por ella está así pues decidida. Sin embargo, desde su perspectiva, Kant cometió un error grave al generalizar su comprensión y transmitirla a las verdades matemáticas en general. En verdad Kant había visto bien que las verdades aritméticas también son a priori y sus objetos, los números, poco accesibles a la percepción sensible al igual que el punto y la línea en geometría. Pero el joven Frege estaba convencido de que era un error pensar que los números debían ser dados a través de la intuición: "no puedo admitir ni siquiera una intuición de 100.000, menos aún del número en general [...] Es demasiado fácil apelar a la intuición interior cuando no puede darse otro fundamento". (Gla, §12) Los números son para Frege "objetos lógicos" que no nos han sido dados ni a través de los sentidos ni a través de la intuición, sino sólo por medio de la razón. La geometría y la aritmética son radicalmente diferentes: "Hay [...] entre geometría y aritmética una notable diferencia en el modo en que cada una fundamenta sus principios. Los elementos de toda construcción geométrica son intuiciones y a intuiciones remite la geometría como fuente de sus axiomas. Puesto que el objeto de la aritmética no tiene ninguna posibilidad de ser intuido, tampoco sus principios pueden proceder de la intuición". (Rech, 1) Si las leyes fundamentales de la aritmética no deben su autoridad ni a la intuición pura ni a la percepción sensible, queda sólo —de acuerdo con la división fregeana presentada más arriba (en §4)- la facultad del pensar lógico como fuente del conocimiento. Por consiguiente debería ser posible fundar de modo *puramente lógico* toda verdad matemática, desde formas numéricas sencillas como 2 x 2 = 4 hasta los complejos teoremas del análisis. Si esto fuera cierto, entonces el núcleo último de la aritmética, aquél que contiene "por la fuerza" todas las leyes aritméticas fundamentales, estaría conformado por leyes lógicas y aquéllas [toda verdad matemática] serían lógicamente derivables a partir de éstas [las leyes lógicas]. Más exactamente y según reza en los supuestos de Frege: 1. Las verdades de la aritmética pueden probarse mediante un procedimiento puramente lógico sobre la base de axiomas exclusivamente lógicos. 2. Para todos los conceptos aritméticos se pueden dar definiciones, que emplean sólo conceptos lógicos. La posición caracterizada con estas tesis (a menudo también su generalización desde las verdades aritméticas hasta las matemáticas) es conocida en nuestros días con el nombre de "logicismo". Frege señala con sus propias palabras que "la aritmética es una rama de la lógica y no necesita ser fundamentada ni en la experiencia ni en la intuición". (Gg I, 1) Las verdades de la aritmética no son sintéticas, como creía Kant, sino analíticas.

La tesis logicista misma no era algo nuevo. Gottfried Wilhelm Leibniz (1646-1716) ya la había sostenido y Dedekind, entre los contemporáneos de Frege, era uno de sus más fervientes defensores. Lo nuevo fue, sin embargo, el intento minucioso de Frege de evacuar de una vez y para siempre toda duda racional sobre la demostrabilidad efectiva de las leyes fundamentales de la aritmética, sobre la base de axiomas y definiciones lógicas. Esto lo cumplió en la medida en que realizó efectivamente las pruebas correspondientes. Con respecto a las leyes fundamentales de Dedekind y Peano podemos describir la tarea de Frege del siguiente modo: Él tiene que encontrar su prueba y remontarla hasta sus orígenes, es decir, hasta verdades originarias indemostrables. En muchos lugares no será posible una fundamentación más profunda sin un análisis lógico, esto es, definiciones "por descomposición", de los conceptos que aparecen en un teorema. (Cf. Cap. 8, §3) En el caso de las leyes fundamentales de Dedekind y Peano los conceptos que requieren un análisis de este tipo son, sobre todo, los de *cero*, *número natural* y *siguiente*. Todo debe "ser reducido a algo reconocidamente lógico". (Gg I, viii)

§8 LA LÓGICA COMO LA MÁS UNIVERSAL DE LAS CIENCIAS

Con esta última observación, en efecto, aparece en el horizonte una dificultad general que para el proyecto de Frege debió ser un problema. ¿En qué consiste lo "reconocidamente lógico"? Se trata de "deslindar tajantemente lo sintético, que se basa en la intuición, de lo analítico (que se basa en la lógica)". (Gla, §90) Sin embargo, ¿cómo hacemos para reconocer si delante de nosotros tenemos una ley fundamental de la lógica o una de la intuición? Dejemos en claro primero que una disciplina científica con el nombre de "Lógica", en el sentido de una ciencia esbozada e independiente, era más un programa en el siglo XIX que una realidad. En muchos sentidos, Frege debió primeramente procurar el fundamento lógico sobre el cual quería construir la aritmética. Cabe agregar, igualmente, que aún no habían pasado cien años desde que Kant afirmara que "lo curioso de la lógica (desde Aristóteles) es que tampoco haya sido capaz, hasta hoy, de avanzar un solo paso. Según todas las apariencias se halla, pues, definitivamente concluida"[17]. La Lógica fue para Kant esencialmente la equiparable a la silogística aristotélica y por esta razón soterrada es que fue posible su tesis sobre el carácter no lógico de la matemática. En efecto, parecía apenas creíble que los complejos modos de concluir de los matemáticos fueran reducibles a formas silogísticas. Leibniz sostiene, contrariamente y basado en sus indagaciones, que existe gran cantidad de formas de concluir que no quedan comprendidas dentro de la silogística aristotélica. No obstante este conocimiento, dejó inédita la elaboración de una teoría completa sobre la lógica por cual esta idea permanece en él de modo puramente programático e históricamente ineficaz. Recién en el siglo XIX hubo disputas sobre su forma y su finalidad, y también hubieron grandes progresos sobre todo gracias a los trabajos de Bernard Bolzano (1781-1848) y Ernst Schröders (1841-1902). La ruptura decisiva, en efecto, fue alcanzada sólo con la publicación de la *Conceptografía*. Con ella se inicia una nueva era de la lógica. Inicialmente, Frege no procuró dar una caracterización general de lo "reconocidamente lógico" a través de condiciones necesarias y suficientes. En su lugar, como veremos en el próximo capítulo, desarrolló un sistema de leyes y reglas para concluir cuyo carácter lógico puro él tenía por indiscutible y con el que podía ser conducida toda prueba. En sus escritos encontramos muy pocas formulaciones explícitas de la pregunta por la esencia de la lógica. Una característica necesaria pero no suficiente de aquello que es lógico, que una y otra vez se encuentra citada en sus discusiones, es la insuperable *universalidad* de los conceptos y las leyes lógicas. La "prueba lógica pura" se destaca, pues porque "prescindiendo de las características particulares de la cosa, sólo se funda en las leyes sobre las que descansa todo conocimiento". (BS, x) Las leyes lógicas serían "leyes del pensamiento que se elevan por sobre todas las particularidades". (BS, x) ¿Cómo se entiende esto? La regla última del pensar conforme a la verdad es, según Frege, la verdad misma. Podríamos considerarlo como una prescripción: cómo se debe pensar para que se haga de modo correcto, es decir, pensar conforme a la verdad: "Toda ley que indica lo que es, puede concebirse también como una prescripción puesto que hay que pensar de acuerdo con ella, y en este sentido es por tanto una ley del pensamiento. Esto vale para las leyes geométricas y físicas no menos que para las lógicas". (Gg I, xv) También la ley de gravitación o el teorema de Pitágoras son ejemplos de "leyes que afirman lo que es el caso", ellas son "leyes del ser verdadero" de la física y de la geometría, respectivamente. De ellas se derivan prescripciones para pensar conforme a la verdad: quien emite un juicio que no sea compatible con ellas, comete un error. En este sentido no sólo la lógica sino que todas las ciencias formulan leyes del ser verdadero y con ello también leyes del pensamiento. Mientras que en las otras ciencias se trata siempre sólo de cómo debe pensarse en una determinada materia cuando la meta es la verdad (en la física, la geometría, la química, la biología, etc.), la lógica formula leyes del ser verdadero de las cuales resultan prescripciones del pensar y que son universalmente aplicables. Ellas tienen validez donde quiera que se piense en general. Frege señala a las leyes lógicas como "las leyes *más universales* del ser verdadero":

"¿Cómo debo pensar para alcanzar la meta, es decir, la verdad? Esperamos la respuesta a esta pregunta de la lógica pero no pedimos de ella que ingrese en lo particular de cada dominio científico y sus objetos; sino que asignamos a la lógica como tarea indicar sólo lo más general, i.e., lo que vale para todos los dominios del pensamiento. Las reglas que regulan nuestro pensar y nuestro tener por verdadero deben ser pensadas determinadamente por medio de las leyes del ser verdadero. Con éstas [las leyes, N del T] están dadas aquéllas [las reglas, N del T]. Por tanto también podemos decir: la lógica es la ciencia de las leyes generales del ser verdadero" (NS, 139)

Un ejemplo de una ley universal del ser verdadero sería: "Si la relación (si p, entonces q) es verdadera y si además sabemos que p es verdadero, entonces también lo será q". De una ley de este tipo resultan, pues, leyes en un sentido distinto, esto es, *normativo*: "Se usa la palabra "ley" en doble sentido. Cuando hablamos de leyes morales y leyes cívicas, aludimos a normas que deben seguirse, con las cuales no siempre está en consonancia el acontecer. Las leyes de la naturaleza son lo universal del acontecer de la naturaleza, conforme con lo cual éste siempre es. Más bien en este sentido hablo de leyes del ser verdadero. Pero aquí no se trata de un acontecer sino de un ser. Pues bien, de las leyes del ser verdadero resultan normas para el tener por verdadero, el pensar, juzgar, concluir" (Ged, 58) La diferencia entre la lógica y las otras ciencias consiste en la insuperable universalidad de su campo de estudio. Comparado con las leyes físicas, biológicas o geométricas, las leyes lógicas merecen "el nombre [de] 'leyes del pensar' sólo si con ello queremos decir que son las generales, que siempre que se piensa prescriben cómo hay que pensar". (Gg I, xv) Este es el modo que tiene Frege de decir que las verdades lógicas siempre son aplicables independientemente del tema sobre el cual hablemos y de lo que signifiquen las expresiones no lógicas usadas.

3. LA NECESIDAD DE UNA CONCEPTOGRAFÍA

§ 1. El caso de la inducción completa

Supongamos que disponemos finalmente de una lista de verdades lógicas fundamentales y que creemos que son suficientes como base axiomática de la aritmética. ¿Cómo podremos cerciorarnos de que al remontar hasta sus orígenes las leyes fundamentales de la aritmética, lo hacemos realmente de un modo puramente lógico? En tanto probemos esas leyes, responde Frege, con la ayuda de los axiomas de nuestra lista y sin discontinuidades: "Si se quiere probar que una lista de axiomas es completa, hay que intentar obtener de ellos todas las pruebas de la rama de la ciencia de la que se trata. Y al hacer esto hay que atender rigurosamente a que las conclusiones se extraigan sólo según leyes lógicas; pues de lo contrario, inadvertidamente, se mezclaría algo que hubiera debido proponerse como axioma" (BSPe, 362) Aquí Frege advierte una dificultad: que los axiomas sean de naturaleza indudablemente lógica no basta si no estamos seguros de que lo mismo vale de las reglas para concluir aplicadas en una prueba. Pues el carácter analítico de una verdad es cuestionable mientras sea posible su derivación a partir de reglas no lógicas. A diferencia de muchos de sus colegas lógicos, Frege distingue rigurosamente entre axiomas y reglas para concluir. Desde luego no discute que entre ambos existen estrechos lazos. Las reglas para concluir son para él verdades universales transformadas en prescripciones del pensar (Cf. Ged, 58) y cada regla de uso es la aplicación de una ley universal. (Cf. BS, § 13) En muchas pruebas matemáticas aparecen pasos inmediatamente evidentes cuyo carácter puramente lógico no es en absoluto manifiesto. Esas pruebas, a menudo inducen precipitadamente a tener por sintéticas verdades que ellas mismas han ayudado a justificar: "No obstante, es frecuente que uno de estos pasos se nos aparezca como evidentemente inmediato, sin que seamos conscientes de los pasos intermedios, y dado que no se presenta como una de las reglas de inferencia lógica admitidas, estamos dispuestos a considerar que esta evidencia es intuitiva y que la verdad descubierta es sintética, incluso cuando es manifiesto que el dominio de su validez alcanza mucho más de lo que es intuitivo". (Gla, § 90) Probablemente, Frege piensa aquí en un principio utilizado frecuentemente en aritmética y que él denomina "inducción de Bernoulli". En nuestros días este principio es más conocido como "inducción completa": si el número 0 posee la propiedad F y si vale para cada número natural n, que siempre que posee la propiedad F también la posee el sucesor inmediato, entonces la propiedad F la poseen todos los números naturales. Aquí tenemos uno de aquellos modos de concluir matemático, de los que podríamos fácilmente suponer que descansan en una visión intuitiva de la esencia del número y, por lo tanto, serían sintéticos a priori. Puesto que la inducción completa no es un modo lógico y reconocido de concluir, entonces, como Frege exige en la cita anterior, debe ser formulada como ley universal e integrada a la base axiomática. Una mirada a la quinta ley fundamental de Dedekind y Peano nos enseña que ellos, justamente, habían hecho eso.

La base axiomática incluiría de este modo un "axioma de la intuición", a no ser que el principio de inducción pudiera derivarse de modo puramente lógico a partir de leyes reconocidamente lógicas y, por lo tanto, podría ser mostrado como sólo aparentemente sintético. De hecho el joven Frege, en su *Conceptografía*, probó con medios lógicos puros una ley universal a partir de la cual se derivaba la inducción de Bernoulli como un caso particular[18]. Él consideró este logro como una prueba importante de que mediante el "pensamiento puro" podían ser alcanzadas sorprendentes y sustanciales conclusiones a partir de verdades lógicas triviales y aparentemente vacías. Una nube de lógica pura se condensa en una gotita de matemática: "Además en estos ejemplos se ve cómo el pensamiento puro, que prescinde de todo contenido dado por los sentidos o incluso por una intuición a priori, permite —sólo del contenido que nace de su propia naturaleza- producir juicios que, a primera vista, sólo parecen ser posibles con base en alguna intuición. Esto se puede comparar con la condensación por medio de la cual se logra transformar el aire, que para una conciencia infantil da la impresión de no ser nada, en un flujo sensible que forma gotas". (BS, § 23) Frege vio en este punto un buen presagio para el éxito de la siguiente etapa: la prueba lógica pura de las restantes cuatro leyes fundamentales de Peano y Dedekind.

§ 2. La idea de una prueba formal

En la perspectiva de Frege la pregunta por la completitud de un sistema axiomático (en el sentido de la primera cita del §1) y el status epistemológico de las reglas para concluir utilizadas, son de una importancia fundamental. Desde el principio fue esencial para su proyecto logicista que la prueba lógica pura de las leyes de la aritmética no sólo pareciera posible sino que, mejor aún, su realización fuera un objetivo fácticamente realizable sin discontinuidades. Finalmente, a Frege no le interesaba hacer meramente posible la tesis logicista. Quiso "contestar de modo definitivo, al menos en lo fundamental" (Gla, V) la pregunta por la naturaleza epistemológica de la aritmética (y con ello, también, la esencia del número). La no-discontinuidad exigida no era tan necesaria para la prueba libre de dudas de la *verdad* de las leyes aritméticas (esto lo consideró Frege en la mayoría de los casos como inútil), sino para la determinación de su *status epistemológico*. Pues, en general vale que este sea incierto, en tanto que "siempre puede seguirse dudando de si su prueba puede llevarse a cabo enteramente a partir de leyes puramente lógicas, de si no se infiltrará en algún lugar de la prueba un fundamento de otro tipo. Esta objeción [...] sólo puede ser eliminada mediante un encadenamiento continuo de consecuencias, de modo que no haya ningún paso que no se dé conforme a alguna de las reglas para concluir reconocidas como puramente lógicas". (Gla, § 90)

Frege estaba seguro de que con la exigencia consiguiente de no-discontinuidad y de rigurosidad, excedía esencialmente lo que era comúnmente exigido de una prueba en el siglo 19: "Así no se ha llevado a cabo hasta ahora casi ninguna prueba, porque el matemático se contenta con que cada transición a un nuevo juicio aparezca como evidentemente correcta, sin preguntarse por la naturaleza de esta evidencia, sin averiguar si es lógica o intuitiva". (Gla, § 90) Sin embargo, apenas se podía tomar a mal que los matemáticos estuvieran interesados en primer lugar en la verdad de sus teoremas, especialmente porque las preguntas epistemológicas parecían pertenecer más bien a la filosofía. Sin embargo, independientemente de sus motivos específicamente filosóficos, Frege lamenta la falta de una prueba estándar universalmente aceptada. Muchos matemáticos del siglo 19 entendían que las pruebas eran poco más que unas reflexiones intuitivamente evidentes, que podían pretender una destacada credibilidad pero que no garantizaban una certeza última. La mayoría de los matemáticos vivía demasiado al día respecto de este tema. A menudo se mostraban ya satisfechos si sus exigencias de exactitud eran suficientes para sus requisitos inmediatos. Y así puede ocurrir que una reflexión resulte contradictoria a pesar de toda la credibilidad inicial: "De este modo, en definitiva, sólo se ha conseguido una seguridad empírica y, en realidad, hay que tener en cuenta la posibilidad de encontrar al final una contradicción que derrumbe el edificio entero. Por eso he creído que debía remontar hasta los fundamentos lógicos generales, más de lo que quizá la mayoría de los matemáticos consideran necesario". (Gla, ix) Hemos visto entonces como, para Frege, la "prueba más sólida" es la "lógica pura". Procedimientos para obtener conclusiones que reposan en intuiciones o datos de la percepción sensorial deben ser reemplazados, allí donde sea posible, por modos lógicos de concluir. El proyecto logístico de Frege consiste, precisamente, en realizar este reemplazo de modo completo para la aritmética.

Estas reflexiones lo llevaron a la elaboración de un novedoso concepto de prueba que satisface las mayores exigencias en rigor, especificidad y transparencia. La idea fundamental de Frege, aceptada universalmente en nuestros días, es la de una prueba *formal*. Según esta concepción, un argumento tiene validez como prueba únicamente si cada pasaje de las premisas a la conclusión es justificado mediante una precisa regla para concluir formulada de modo explícito. Las condiciones de aplicación de estas reglas para concluir están tomadas de tal manera que una comprensión material o del contenido de los signos usados para su formulación no es necesaria para su comprobación, de modo que éste incluso podría "ser procurado por una máquina o sustituido por una actividad puramente mecánica" (NS, § 39) Lo formal de una prueba formal consiste en lo siguiente: uno debe poder notar si una regla está correctamente aplicada, considerando simplemente la forma externa del argumento. Frege denomina los pasajes formales de este tipo como "cálculo lógico". Los sistemas completos de axiomas y reglas formales son llamados en mayor medida en nuestros días como «cálculo».

§ 3 La imposibilidad de realizar pruebas formales en los »lenguajes naturales«

El intento de dirigir por un camino ordenado una sucesión de ideas argumentativas siguiendo las especificaciones de las reglas formales para concluir, sin embargo, tropieza con una dificultad: las imperfecciones lógicas del «lenguaje de palabras ». Frege se refiere aquí a los lenguajes naturales como el inglés o el alemán, en oposición al lenguaje simbólico de la matemática o de la química. La vaguedad y ambigüedad del lenguaje natural a menudo no permite el rigor requerido:

"El motivo por el cual los lenguajes naturales son poco apropiados para este fin reside no sólo en la equivocidad manifiesta de las expresiones sino sobre todo en la falta de formas seguras para obtener conclusiones. Palabras como 'por tanto', 'en consecuencia', 'porque', aluden a la obtención de conclusiones pero no dicen nada sobre la ley según la cual se obtienen tales conclusiones. Estas palabras pueden usarse sin errores gramaticales aún allí donde no hay en absoluto una conclusión lógicamente justificada. Pero en una investigación tal como la que aquí tengo en vista importa no sólo que uno se convenza de la verdad de la conclusión obtenida, con lo cual en la mayoría de los casos uno se contenta en la matemática, sino que uno también tiene que volverse consciente de por qué esta convicción está justificada, es decir, en qué leyes originarias descansa ella. Para esto son necesarias vías seguras en las cuales debe moverse el proceso de obtener conclusiones y semejantes vías no están formadas en los lenguajes naturales" (BSPe, 362f.)

Frege habría podido dominar este problema mediante la imposición de una estricta reglamentación. Habría podido aislar un fragmento del idioma alemán, vaciarlo de vaguedad y ambigüedad mediante la precisa definición del significado de las palabras e introducir reglas exactas para concluir lógicamente. Sin embargo, este tipo de correcciones "cosméticas" subestima, desde su perspectiva, la ambigüedad y el carácter engañoso de la gramática superficial del lenguaje natural puesto que a menudo se superpone y cubre la profunda estructura lógica del mismo. Puesto que en los siguientes capítulos volveremos a referirnos a los rasgos lógicamente erróneos de los lenguajes naturales, en este punto es suficiente con mostrar un ejemplo. La gramática castellana asigna la misma estructura de sujeto y predicado a las siguientes oraciones: (1) "Sócrates es mortal" y (2) "Nadie es mortal", a pesar de que se diferencian notablemente en cuanto a sus propiedades lógicas: de (1) pero no de (2) se sigue que existe algo que es mortal. De esto es responsable la modalidad funcional lógicamente diferente de las expresiones "Sócrates" y "Ninguno" (de las cuales sólo la primera es un nombre propio), y se trata de una gran diferencia lógica que se desdibuja en la lógica tradicional y su habitual clasificación de ambas expresiones como sujetos.

En las gramáticas de los lenguajes naturales, según Frege, están: "mezclados entre si lo psicológico y lo lógico. De lo contrario todas las lenguas deberían tener la misma gramática." (NS, 154) El peligro que acecha aquí no debería ser ignorado puesto que nuestro pensar conceptual no puede prescindir del uso de signos. Por eso los engaños lingüísticos dañan directamente nuestro pensar. La importancia científica de un adecuado sistema de signos no puede en absoluto ser estimada lo suficiente: "Los signos son para nuestro pensar de la misma importancia que para la navegación la capacidad de usar el viento para navegar contra el viento, por eso ¡que nadie desprecie los signos! No poco depende de su elección adecuada." (ÜZB, 49) La confusión de formas lógicas con gramaticales es la mayor fuente de errores del pensar lógico y en la perspectiva de Frege este peligro es absolutamente real. Lamenta repetidas veces que la lógica tradicional se haya orientado estrictamente según la gramática del lenguaje natural. El problema de una prueba en el lenguaje natural quizás pueda suavizarse pero no puede solucionarse realmente. Por ello Frege decide renunciar, en la prueba, al uso de expresiones del lenguaje natural. Estas dificultades habían obligado desde siempre a la formulación de tecnicismos y de lenguajes técnicos enteros. La profunda desconfianza en los lenguajes naturales que Frege tenía, demandó una solución más radical: todo debe ser hecho nuevamente desde sus fundamentos. En lugar de perder el tiempo con nimiedades, decidió evitar estas dificultades desarrollando un medio totalmente nuevo para expresar pensamientos.

§ 4 La (idea de una) conceptografía

Las siguientes reflexiones llevaron a Frege a la elaboración de un nuevo lenguaje artificial: 1. La necesidad de una prueba libre de discontinuidades para establecer más allá de toda duda la tesis logicista; 2. La exigencia de una prueba formal no sólo para la verdad sino también para determinar el status epistemológico de un teorema; 3. La imposibilidad de llevar a cabo tales pruebas en el lenguaje natural; 4. La gran importancia de los signos para nuestro pensar y 5. La desconfianza por las sugestiones gramaticales del lenguaje natural. Se trata de un lenguaje artificial adaptado a las exigencias de pruebas completamente transparentes: la ya mencionada conceptografía, la cual debía ser "un lenguaje de fórmulas, semejante al de la aritmética, para el pensamiento puro". Su objetivo general, según explica Frege en el Prólogo de la *Conceptografía*, es el siguiente: "ésta debe servir para examinar de la manera más segura el eslabonamiento lógico de una cadena de consecuencias y para denunciar toda premisa que quisiera colarse inadvertidamente y poder así investigar el origen de esta última". (BS, iv) Para una presentación precisa y libre de discontinuidades de esta cadena de consecuencias, Frege desarrolla un sistema de notación bidimensional muy bien ideado, que se presenta bajo la forma de un cálculo en columnas. El análisis de las formas lógicas desarrollado en la conceptografía representa el progreso más importante en lógica desde los tiempos de Aristóteles, y en nuestros días es un modelo universal. Pero, los símbolos lógicos especialmente introducidos por Frege para su presentación y el modo de escribirlos resultaron tan sofisticados y extraños que se presume que hasta nuestros días él fue el único que se sirvió de ellos. Actualmente los lógicos utilizan en mayor medida otra notación que es equivalente en cuanto al contenido, y que proviene de Peano. Esta última fue luego completada y perfeccionada por Russell. (También en este libro se utiliza una variante de la notación de Peano y Russell)

Frege remarca expresamente que la conceptografía "ha sido ideada como un auxiliar para determinados propósitos científicos y no se la puede condenar porque no sirva para otros". (BS, ix) Por ello de ninguna manera él pretendía superar los lenguajes naturales en todo respecto. Frege nunca dudó de que el lenguaje natural, comparado con un primitivo lenguaje artificial como la conceptografía, fuera muy superior en casi todas las áreas teniendo en cuenta su flexibilidad, su mayor capacidad para formar expresiones y su aplicabilidad universal. Así, compara la relación entre su conceptografía y un lenguaje natural, con la existente entre un medio óptico inventado con determinado propósito y el ojo:

"Creo poder hacer muy clara la relación de mi Conceptografía con el lenguaje común si la comparo con la que hay entre el microscopio y el ojo. Este último, por el campo de su aplicabilidad y la movilidad con que se sabe adaptar a las más diversas situaciones, posee gran superioridad frente al microscopio. Considerado como aparato óptico, muestra sin duda muchas imperfecciones, las cuales pasan desapercibidas, por lo común, sólo como consecuencia de su estrecha conexión con la vida mental. Pero tan pronto como los propósitos científicos establecen mayores exigencias en la precisión de las distinciones, el ojo resulta insuficiente. Por el contrario, el microscopio es de lo más apropiado para tales fines, aunque, por ello, no es utilizable para otros". (BS, xi)

Frege nunca tuvo la intención de desarrollar un lenguaje ideal. La conceptografía es tan poco un lenguaje ideal como el microscopio un ojo ideal. Él fue lanzado al tablero de los lógicos, a cuyas exigencias muy específicas fue adaptado artificialmente. En un lenguaje de este tipo se llega más a una transparencia lógica que a una comunicación sin dificultades. Si bien en los lenguajes que han crecido históricamente se encuentra en primer plano el deseo de una mayor y más efectiva comunicación, la conceptografía deja en este punto mucho que desear. Desde el principio se deploró el carácter excesivamente minucioso y sofisticado de las formulaciones conceptográficas. Este es el precio que debemos pagar por precisión y claridad en la expresión de relaciones lógicas.

Frege consideró su conceptografía como realización parcial de una vieja idea de Leibniz. Éste había intentado en vano desarrollar un lenguaje de signos que permitiera, como un lenguaje normal, formular oraciones y expresar contenidos. En este lenguaje, al mismo tiempo, todo paso argumentativo de una o más oraciones a otra debía tener la forma de un cálculo. Leibniz tuvo la intención de inventar una «lingua characterica» que al mismo tiempo debía ser un «calculus ratiocinator», es decir, un cálculo formal en el sentido descrito más arriba. Esta idea fundamental había sido también para Frege una directiva: "No quise presentar una lógica abstracta en fórmulas sino expresar un contenido mediante signos escritos de un modo más exacto y sinóptico de lo que es posible hacerlo mediante palabras. En realidad no quería yo crear un mero *calculus ratiocinator* sino una *lingua characterica* en sentido leibniziano no obstante lo cual reconozco aquél cálculo de conclusiones como un elemento necesario de la Conceptografía". (ÜZB, 97s.) Frege remarca especialmente que las oraciones de la conceptografía son claramente menos informativas en comparación con las oraciones aseverativas de un lenguaje natural, en la medida en que ellas expresan solamente lo que es relevante para eventuales conclusiones. Por eso no debe sorprendernos si en una traducción de un argumento a los signos de la conceptografía no se conserva todo el contenido original de la oración. Aquello que debe permanecer inalterado en cada caso, sin embargo, son todas las informaciones relevantes para concluir. Una traducción a la conceptografía funciona como un filtro que sólo deja pasar "aquello que influye en las posibles consecuencias. Cabalmente se expresará todo lo necesario para una inferencia correcta; pero lo que no es necesario, por lo general tampoco se indicará; nada se dejará a la adivinanza". (BS, §3) Aquello "necesario para una inferencia correcta" se encuentra "cabalmente expresado" en las oraciones conceptográficas y es denominado, por el joven Frege, como "contenido conceptual". Así recibe la conceptografía su nombre.

Evidentemente al principio Frege había planeado extender a su tiempo el campo de aplicación de la conceptografía completando su vocabulario básico más allá de la lógica pura a otras ciencias. Él consideró que ampliaciones al campo de la geometría y de la física eran fácilmente realizables. (Cf. BS, vi) Pero esto nunca ocurrió y, naturalmente, Frege se ocupó primero de la aplicación de la conceptografía dentro de los límites de su proyecto logicista. Para su objetivo inmediato se requirió de un "lenguaje de fórmulas del pensamiento puro", que es el subtítulo del libro.

La semejanza de la conceptografía con el "lenguaje formal de la aritmética", que según el subtítulo ha tenido influencia en la conceptografía, hace más referencia a "las ideas fundamentales que a las conformaciones particulares". La idea fundamental es la de un lenguaje artificial cuyas expresiones, desde el punto de vista de su estructura interna y la transparencia de su presentación, son más adecuadas a su objeto que las equivalentes en el lenguaje natural. La influencia del lenguaje formal de la aritmética, pues, en la conformación de la conceptografía va más allá de esta similitud superficial. Frege agradece, pues, su decisiva inspiración para sus más importantes innovaciones en lógica, y esto conforma el tema de los siguientes dos capítulos: el desarrollo de una notación precisa para expresar la generalidad, y el rechazo de la distinción sujeto-predicado por la división en argumento y función.

§ 5 Letras y generalidad

En última instancia, en ciencia no interesa reconocer la mayor cantidad de verdades posibles, sino formular unas pocas leyes universales que permitan derivar infinita cantidad de verdades individuales. Saber que Sócrates es mortal, que Platón es mortal y que Aristóteles es mortal, es bueno. Pero saber que todos los hombres son mortales es mejor, pues, de ello se siguen aquellas verdades y muchas más. Sin embargo, si valiera que no todos los hombres son mortales porque hay al menos un ejemplar inmortal, entonces valdría en general que algunos hombres son inmortales (esto significa en lógica: al menos uno). Puesto que la afirmación de leyes en la ciencia a menudo toma esta forma, es obvio que la precisa expresión de generalidades de la forma "Todo F es G", "Algunos F (no) son G" y "Ningún F es G" debe ser posible en cada lenguaje científico adecuado. Asimismo es claro que a las conclusiones obtenidas a partir de estas leyes revisten una gran importancia.

Esto ya lo había reconocido Aristóteles. Él emprendió en su *Analítica priora* el primer intento sistemático de formular reglas universales para distinguir la validez o invalidez de conclusiones obtenidas a partir de premisas, mediante expresiones cuantificadas llamadas "cuantores", por ejemplo, "todo", "algún" y "ningún". La validez de un silogismo aristotélico típico como "Todos los hombres son mortales. Algunos hombres son griegos. Luego: Algunos mortales son griegos", depende en primer lugar del sentido de los cuantores "todo" y "algún". La dificultad consiste en que el código confeccionado por Aristóteles y sus sucesores medievales, alcanza rápidamente sus límites, tan pronto como los cuantores aparezcan no sólo en el sujeto sino también en el predicado. Un ejemplo sencillo de cuantificación múltiple es una oración del tipo "Todos los muchachos aman a todas las chicas".

Frege solucionó este problema secular de un modo tan elegante y duradero, que en nuestros días ha sido olvidado. Y debió solucionarlo pues la cuantificación múltiple es frecuente en las leyes aritméticas. Para su conceptografía desarrolló una notación que le permitía expresar generalidades, para la que era indiferente qué cantidad de cuantores apareciera en el sujeto o en el predicado. Es de suponer que él como matemático se inspiró en el lenguaje formal de la aritmética. Aquí, pues, tenemos un lenguaje que se encuentra en muy buenas condiciones de expresar regularidades de modo fácil y flexible, a pesar de que la distinción entre sujeto y predicado no sea aplicable a ellas (o en todo caso no sin violencia). ¿Dónde se encuentra el sujeto y el predicado en 2+2=4? ¿O en la ley universal (a+b).c= a.c+b.c? Frege decidió trasladar la técnica que aquí se aplica para expresar la generalidad en la conceptografía y perfeccionarla para sus objetivos. En §1 de la *Conceptografía* señala la existencia de dos tipos diferentes de signos en el vocabulario de la aritmética: "El primero comprende las letras, cada una de las cuales representa un número que se deja indeterminado o una función que se deja indeterminada. Esta indeterminación hace posible que las letras se empleen para expresar validez general, como en (a+b).c= a.c+b.c. El otro tipo comprende aquellos símbolos como +, -, √, 0, 1, 2, cada uno de los cuales tiene su significado particular". Esta idea básica de distinguir dos clases de signos la adopta Frege "para hacerla utilizable en el campo más amplio del pensamiento puro en general". (BS, §1) Las letras sirven en el lenguaje formal de la aritmética para generalizar juicios que tratan de determinados números o funciones a todos los números o juicios. Si reemplazamos en una ecuación verdadera como "2+3=3+2" los signos numéricos 2 y 3 sistemáticamente por las letras "x" e "y", obtenemos así la expresión de una ley general en la cual los números han quedado indicados tan sólo de modo indeterminado mediante "x" e "y": « x + 3 = 3 + x » o « 2 + y = y + 2 » o « x + y = y + x ». A la inversa, puede ser derivado un número potencialmente infinito de verdades mediante el reemplazo en estas oraciones de cualquier letra por un signo numérico.

En esta técnica de generalización eran destacables, para Frege, tres cosas: 1. La generalidad de una oración es el resultado de sustituir expresiones con un *determinado* significado por signos que aluden indeterminadamente. En este sentido nuestra comprensión de oraciones generales depende totalmente de nuestra comprensión de oraciones con significados completamente determinados. 2. Este modo de obtener generalidad mediante letras no se encuentra limitado a una determinada parte de la oración como sería el sujeto o el predicado: en la formulación "El número 11 es menor que el número 13" podríamos reemplazar por letras tanto el sujeto "el número 11" como el predicado "el número 13". 3. La generalización puede ser entendida mejor aún como operación en el *contenido entero* de una oración.

Para hacer esta técnica "utilizable en el campo más amplio del pensamiento puro en general", extendió el uso de las letras más allá de las fórmulas matemáticas a la expresión de cualquier oración. Tomemos la oración "Sam es confuso". Lo generalizaremos de modo similar a como hicimos con nuestro ejemplo matemático reemplazando "Sam" por una letra indeterminada: "x es confuso". Ésta es, ahora como antes, una oración completa en el sentido que es relevante aquí, es decir, un signo complejo con un contenido enjuiciable. A diferencia de "Sam es confuso", "x es confuso" expresa, pues, algo general[19]. La segunda modificación que Frege realiza del modelo matemático es una consecuencia de la ilimitada universalidad de la lógica: el dominio que indican de modo indeterminado las letras debe ser universal. Mientras que en aritmética el reemplazo permitido en una oración como "x+y = y+x" se limita a cifras numéricas, en un lenguaje lógico de signos toda restricción debe desaparecer. En este sentido "x es confuso" no expresa que todos los seres humanos son confusos, sino la siguiente tesis general: todo es confuso. Para visualizar esta comprensión universal, podemos anteponer a nuestra oración la introducción explicativa "sea lo que sea x", que no pertenece a su contenido. Esta sólo explicita esta convención. Aunque escribamos entonces (sea lo que fuere x) "x es confuso", se mantiene en pie, no obstante, que al contenido de la oración pertenece sólo lo que se encuentra entre comillas.

Pero de este modo, igualmente, se vuelve claro un problema: el gran número de aseveraciones de la forma "x es F" es *demasiado* general como para ser verdadero. En la mayoría de los casos no queremos decir que comenzando por el planeta Júpiter, pasando por el pececito dorado de Sam y llegando hasta el número 13, *todo* sin excepción es confuso, sino que por ejemplo sólo queremos arriesgar la tesis más modesta de que esto sólo atañe a todos los filósofos. Pero ¿cómo podemos limitar el campo de la generalidad? Es posible pensar en dos soluciones: podríamos limitar el dominio de las letras y convenir que "x" debe ser reemplazada exclusivamente por nombres de filósofos, similar a la aritmética elemental en la que las letras en oraciones del tipo (a+b).c = a.c+b.c sólo deben ser intercambiadas por signos numéricos. O bien, dejar ilimitado el dominio de las letras pero añadir al contenido de la oración una condición limitante. Acabamos de ver que Frege rechaza la primera opción practicada en el lenguaje de fórmulas de la aritmética remitiéndose a la universalidad de la lógica. Permanece aún la segunda solución: "Todas las restantes condiciones a que se tiene que sujetar lo que puede ser puesto en el lugar de una letra, se han de incorporar al juicio". (BS, §11) Debemos, entonces, comenzar desde un poco más lejos y expresar nuestra convicción respecto del estado mental confuso de todos los filósofos sustituyendo una generalización del sujeto ("Todos los filósofos...") por el uso de letras: "Si x es un filósofo, entonces x es confuso". El añadido de la condición "Si x es un filósofo" deja intacto el dominio de las letras. Pues vale para todos, sin excepción (incluso para el pececito dorado de Sam), que: si él es un filósofo, entonces él es confuso.

Hasta el momento las cosas van bien. Sin embargo, subsiste un problema ligado precisamente con aquella propiedad de esta técnica de generalización que la hizo aparecer tan atractiva como solución del problema de Aristóteles: que no puede ser limitada a partes de la oración como sujeto y predicado sino que se refiere al contenido total de una oración. ¿Podríamos, entonces, someter una expresión ya generalizada a subsiguientes operaciones lógicas y expresar, por ejemplo, que no todo es confuso? En este caso en castellano la negación va en el sujeto: "No todo es confuso". Fracasamos, pues, si intentamos "No x es confuso", pues, en el mejor de los casos significa tanto como que "x es no confuso". Y con ello no se dice de ningún modo que no todo es confuso sino que sea lo que sea x, x no es confuso, o más corto: "nada es confuso". No obstante, estamos cerca de una solución y ella tiene dos componentes: la primera consiste en añadir explícitamente a la expresión del contenido la mencionada introducción "sea lo que sea x", que hasta ahora sólo sirvió de explicación, bajo la forma de un operador de generalización. Arriba habíamos escrito: (sea lo que sea x) "x es confuso", en lo cual sólo "x es confuso" expresa propiamente el contenido. Añadimos, pues, expresamente la generalización del contenido del siguiente modo: "sea lo que sea x, x es confuso". Puesto que la generalización ahora, como componente fija del contenido, puede estar sujeta a otros operadores lógicos, es posible para oraciones complejas una limitación de su generalidad a partes de la oración. La segunda componente de la solución del problema consiste en entender también la negación como un operador del tipo "no es el caso que", el que no niega el sujeto o el predicado sino la totalidad de la oración. Si acortamos la expresión "sea lo que sea x" por "($\forall$x)" y "no es el caso que" por "$\neg$", podríamos reescribir las formulaciones en lenguaje natural de la izquierda por las expresiones conceptográficas[20] ubicadas a la derecha:

Todo es confuso	($\forall$x)(x es confuso)
Nada es confuso	($\forall$x)$\neg$(x es confuso)
No todo es confuso	$\neg$ ($\forall$x)(x es confuso)
Algo es confuso	$\neg$ ($\forall$x) $\neg$ (x es confuso)

Con esta notación Frege tiene un instrumento muy económico, práctico y flexible para expresar cualquier generalidad complicada. Con sólo tres signos (el llamado cuantificador universal "($\forall$x)", el signo de la negación "$\neg$", y el signo condicional "$\rightarrow$" para el añadido de condiciones limitantes), se puede expresar el silogismo del inicio del parágrafo del siguiente modo:

$$($\forall$x) \ (x \ es \ hombre \rightarrow x \ es \ mortal)$$
$$\underline{\neg \ ($\forall$x) \ (x \ es \ hombre \rightarrow \neg x \ es \ griego)}$$
$$\neg \ ($\forall$x) \ (x \ es \ mortal \rightarrow \neg x \ es \ griego)$$

No tiene ninguna importancia para este tipo de notación en cuál parte de la oración o cuán frecuente es la aparición de un cuantificador. Afirmaciones con múltiples cuantificadores como "Todos los muchachos aman a todas las chicas", que tantos dolores de cabeza trajeron a los aristotélicos, se pueden formular con precisión del siguiente modo: "Para quien pudiera ser x e y: si x es un muchacho e y es una chica, entonces x ama a y". En notación formal: (usando "&" por "y"): (∀x)(∀y)[(x es un muchacho & y es una chica) → x ama a y].

El uso de letras para expresar generalidad en lógica no fue decisivo para Frege en la solución de este problema. Ya Aristóteles había manejado esta técnica para poner de relieve la forma general de un silogismo. Nuevo es, ante todo, que con la introducción del cuantificador universal "(∀x)", Frege trató a la generalización como una operación lógica que se ocupa del contenido total de una oración, operación que puede estar subordinada a otras operaciones lógicas. Esto permite la construcción de oraciones complejas como "(∀x) (x es F) → (∀y) (y es G)" en las que las oraciones generalizadas se presentan intercaladas como partes de una expresión.

§ 6 Argumento y función en lugar de sujeto y predicado

Este éxito en el análisis de la generalidad afianzó la convicción que poseía Frege sobre lo dudoso que resultan los lenguajes naturales como modelo de expresión precisa de relaciones lógicas. Orientarse según este modelo en las distinciones y análisis lógicos es un error que se comete desde el tiempo de Aristóteles. Con una notable seguridad en sí mismo y un mínimo de justificación, el joven Frege aclara en las mismas primeras páginas de su *Conceptografía* que las distinciones centrales de la lógica tradicional son irrelevantes. En general señala "que la lógica, hasta ahora, siempre se ha ajustado muy estrechamente al lenguaje y a la gramática". (BS, vii) El obstáculo más grande para una clara comprensión de las estructuras lógicas era, según su modo de ver, el atenerse rígidamente a la tradicional articulación sujeto-predicado. Una mirada al lenguaje de fórmulas de la aritmética pareció enseñarle a Frege, como vimos más arriba, que este par de conceptos no tenía la relevancia lógica preponderante que le había sido adscripta en los últimos dos mil años: ¿Cómo se puede aplicar este par de conceptos a una oración del tipo "a+b=b+a" sin forzar las cosas? Fue precisamente la irrelevancia de esta distinción en el lenguaje de fórmulas de la aritmética la que le permitió a Frege llegar a una clara interpretación de la generalidad. En el § 3 de su *Conceptografía*, y seguramente para el asombro de sus lectores contemporáneos, aclara las cosas así: "en mi modo de representar un juicio no tiene lugar una distinción entre sujeto y predicado". Él justifica esta renuncia con dos oraciones ejemplares del lenguaje natural, que mediante la conversión de la voz activa a la pasiva se desprende una de otra: 1. En Platea los persas fueron vencidos por los griegos; 2. En Platea los griegos vencieron a los persas.

A pesar de que ambas oraciones tienen distintos sujetos y predicados, son -según Frege- lógicamente equivalentes: lo que se deduce del primero, también se deduce del segundo y viceversa. En otras palabras: ellas poseen el mismo "contenido conceptual", y para ello la diferencia entre sujeto y predicado no tiene ninguna importancia. Por este motivo, un lenguaje que exprese aquello y sólo aquello que es importante para obtener conclusiones, debe renunciar a esta venerable distinción como a aquella otra entre las voces activa y pasiva.

En su lugar, Frege aplica otra forma de división conectada con la distinción (destacada en la *Conceptografía*) entre letras que aluden de forma indeterminada y signos relacionados con un "sentido totalmente determinado". Esta distinción fue promovida, posiblemente, por el análisis de Frege de la generalidad. Ya hemos visto cómo mediante la sustitución de signos numéricos por letras en una ecuación como "2+3=3+2", se obtiene la expresión de una ley general en la que los números sólo están indicados de modo indeterminado: "x+y=y+x". En lugar de rellenar, pues, los espacios con las letras "x" e "y" y generalizar así la oración original, podríamos emplear otros signos numéricos como, por ejemplo, "12" y "48". Obtendríamos así la ecuación "12+48=48+12". Por sustituciones de este tipo la expresión se descompone en una parte abierta a los reemplazos (todos los lugares donde se encuentran los signos numéricos) y otra parte remanente que permanece invariable. Si marcamos en esto último con paréntesis los espacios que restan luego de eliminar los signos numéricos, obtendremos lo siguiente: "( )+[ ]=[ ]+( )". La ecuación, según la terminología usada por Frege en la *Conceptografía*, se descompone en la *función* "( )+[ ]=[ ]+( )" y en los diferentes *argumentos* ("2" y "3" o "12" y "48") con los que pueden ser rellenados los espacios vacíos. Lo que aquí Frege designa como "función" y "argumento" son expresiones lingüísticas: "al pensar de esta manera una expresión variable, se descompone la misma en una componente estable, que representa la totalidad de las relaciones, y el símbolo, considerado como reemplazable por otros, que significa el objeto que se encuentra en estas relaciones. A la primera componente la llamo función y a la última argumento". (BS, §9) Para hacer útil la distinción inspirada en la matemática (dicho con mayor exactitud, el análisis) entre función y argumento también "para el dominio más abarcador del pensar puro en general", Frege la universaliza más allá del ámbito de la matemática a todas las oraciones.

Frege consideró una de sus más importantes innovaciones, la propuesta de reemplazar la clasificación tradicional sujeto-predicado por la mucho más flexible y objetivamente adecuada de argumento y función. Y realmente esta distinción es de gran importancia para su pensamiento. Más de diez años después, retorna en su publicación *Función y concepto* (1891) al tema esquematizado en la *Conceptografía* y lo desarrolla convirtiéndolo en el fundamento de su ya madura filosofía de la lógica. (Cf. Cap. 5)

§ 7 El sistema axiomático de la conceptografía

La primera versión de la conceptografía de 1879 (el tomo 1 de *Las leyes fundamentales de la aritmética* de 1893 contiene una versión corregida) posee nueve axiomas. Frege aclara que hará uso sólo de una regla para obtener conclusiones[21]. Podemos formular esos axiomas en nuestra notación del siguiente modo:

1. $(q \to p) \to (\neg p \to \neg q)$
2. $p \to \neg\neg p$
3. $\neg\neg p \to p$
4. $p \to (q \to p)$
5. $[r \to (q \to p)] \to [(r \to q) \to (r \to p)]$
6. $[r \to (q \to p)] \to [q \to (r \to p)]$
7. $(a = b) \to (Fa \to Fb)$
8. $a = a$
9. $(\forall x)(Fx) \to Fa$[22]

El sistema posee cuatro constantes lógicas: el condicional ("$\to$"), la negación ("$\neg$"), el generalizador ("$\forall$") y la identidad ("="). La regla para obtener conclusiones de Frege señala que de las premisas "$p \to q$"

y "p", debe derivarse la conclusión "q". Puesto que ella permite la separación del consecuente "q" del condicional "p→q", Frege la llama "regla de separación". Posiblemente pensaba aún en aquel tiempo que los nueve axiomas y la regla de separación (junto a las definiciones apropiadas de los conceptos fundamentales de la aritmética) serían suficientes para la derivación de las leyes fundamentales de Peano y Dedekind. Algunos años más tarde (después de algunas vacilaciones suficientemente justificadas), llegará a la concepción de que para ello se requiere de un axioma adicional: la tristemente célebre "ley fundamental V", que permite derivar aquella contradicción en virtud de la cual Frege se vio obligado a abandonar la tesis logicista. (Cf. Cap. 4, § 15)

4. EL ARGUMENTO DE LOS FUNDAMENTOS DE LA ARITMÉTICA

§ 1. Sentido y finalidad de *Los fundamentos de la aritmética* (1884)

La publicación de la *Conceptografía* fue el primer escrito significativo en el camino hacia la consolidación de la tesis logicista. En el "librito", así lo llamaba Frege, no sólo se presentó el contexto en el cual debía ser formulada la prueba sobre la base del estatus epistemológico de las leyes fundamentales de Dedekind y Peano, sino que además se comenzó con la prueba concreta. Como ya vimos en el capítulo 3, parágrafo 1, la *Conceptografía* contiene un análisis del concepto de *siguiente en una serie* y un teorema general fundado en una prueba lógica pura, a partir de la cual es derivable la quinta ley fundamental de Dedekind. En el prólogo de la *Conceptografía*, Frege aclara que su plan es proseguir en una dirección que permita "analizar más los conceptos de la aritmética y de fundamentar profundamente sus teoremas", y anuncia que estas indagaciones aparecerán "inmediatamente después de este escrito". (BS, viii)

Para la prueba de verdades aritméticas elementales, incluidas las leyes fundamentales de Dedekind y Peano, necesitamos primeramente una explicación del concepto general de Número así como también un análisis concreto y una definición del contenido de las diferentes cifras individuales, comenzando por el "cero" y el "uno". Todas las demás pueden explicarse recurriendo a esas definiciones y al incremento a partir del número uno. Si bien ya en 1882, según afirmaciones del propio Frege, había existido un primer manuscrito, pasarán más de once años hasta que él, en 1893, hiciera realidad lo anunciado en la *Conceptografía*, esto es, la publicación del primer tomo de *Las leyes fundamentales de la aritmética – conceptográficamente derivadas* (el segundo tomo en 1903). Menciona con posterioridad que una de las razones de ese retraso fue "el desaliento que a veces me sobrevenía ante el frío recibimiento, o mejor dicho, ante la falta de recibimiento hecho a mis obras". (Gg I, xi) Ello resultó en primer lugar de las incomprensiones con las cuales había tropezado la *Conceptografía*. Ciertamente ésta era una parte esencial del proyecto logicista, pues aseguraba que la no-discontinuidad exigida por la justificación rigurosa del carácter analítico de las leyes fundamentales de la aritmética podía ser alcanzada. Dada su importancia, la expectativa de Frege de hallar lectores idóneos para sus ulteriores publicaciones era casi nula mientras la conceptografía continuara siendo ignorada, mal entendida, o ni siquiera tomada en cuenta como algo que fuera conocimiento dentro del núcleo especializado de la filosofía y la matemática. Precisamente ella representaba el medio en el que debían ser conducidas todas las pruebas y todas las definiciones dadas.

Siguiendo la recomendación de un colega, Frege decidió alrededor de 1882, anticipar los resultados de su fundamentación en una presentación accesible, libre de fórmulas y escrita en prosa alemana. Se trata de las mismas pruebas conceptográficamente rigurosas que más tarde ocuparían las quinientas páginas llenas de fórmulas de los dos tomos de *Las leyes fundamentales*. Así llegó en 1884 la publicación de su obra filosófica maestra: *Los fundamentos de la Aritmética –una investigación lógico-matemática del concepto de número*. Renunciando al uso de símbolos conceptográficos, bosqueja allí las pruebas más importantes, desplegando y justificando su análisis conceptual y defendiéndose de las interpretaciones rivales.

§ 2 Tres principios metodológicos

De los cinco capítulos que componen *Los fundamentos*, los tres primeros están dedicados a la discusión de otras interpretaciones del concepto de número. Un crítico influyente de la *Conceptografía* había objetado que Frege ignoraba el trabajo de otros investigadores y es evidente que él no quiso exponerse de nuevo a ese reproche. En la introducción Frege aclara que para su análisis se había ajustado estrictamente a tres principios metodológicos. Sugiere que una de las principales fuentes de error de las interpretaciones del concepto de número criticadas y rechazadas por él, radica en la no-apreciación de por lo menos uno de estos tres principios. La importancia de estos principios, sin embargo, no se agota para Frege en su potencial crítico y polémico. Ciertamente, como veremos más adelante, les corresponde un rol clave dentro de su análisis del concepto de número: "[1] hay que separar tajantemente lo psicológico de lo lógico, [2] no se debe preguntar por el significado de una palabra aislada, sino en el contexto de una oración; [3] debemos mantener siempre a la vista la diferencia entre el concepto y el objeto". (Gla, X) Para facilitar el cumplimiento del primer principio, él siempre ha utilizado "la palabra representación en sentido psicológico y he distinguido las representaciones de los conceptos". (Gla, x) Podemos afirmar que para Frege las representaciones son algo psíquico y subjetivo, cuya existencia está ligada a la persona respectiva. Como sujetos pensantes y conocedores, según las convicciones de toda su vida, nos confrontamos con una realidad existente que es (en su mayor parte) independiente de nosotros, cuyos objetos y propiedades buscamos aprehender en nuestros juicios:

"Si queremos salir totalmente de lo subjetivo, debemos concebir el conocimiento como una actividad que no produce lo conocido sino que agarra lo ya existente. La imagen del agarrar es muy adecuada para explicar la cuestión. Si agarro un lápiz, en mi cuerpo ocurren ciertos procesos: excitaciones nerviosas, cambios de tensión y presión de los músculos, tendones y huesos, cambios en la circulación sanguínea. Pero el conjunto de estos procesos no es el lápiz, ni lo produce. Este existe independientemente de tales procesos. Y es esencial para el agarrar que haya algo que sea agarrado; los cambios internos por sí solos no son el agarrar. Así, también, lo que aprehendemos mentalmente existe independientemente de esta actividad, de las representaciones y de sus cambios, que pertenecen o acompañan a esta aprehensión; no es ni el conjunto de estos procesos, ni es producido por ellos como parte de nuestra vida mental". (Gg I, xxiv)

Frege acentúa una y otra vez la diferencia estricta entre lo objetivo, por un lado, y lo privado o dependiente del sujeto, por otro -entre imágenes subjetivas y los conceptos y objetos objetivamente representados; entre el acto subjetivo de tener por verdadero y lo que es verdadero objetivamente; entre la subjetividad del pensamiento y la objetividad de la cual depende ese pensar.
Su segundo principio fundamental, conforme al cual no se puede preguntar por el significado[23] de las palabras aisladas sino en el contexto de toda la oración, es discutido en la bibliografía secundaria bajo el nombre de "principio contextual". Su interpretación y su rol son controvertidos dentro de la filosofía de Frege. Él lo aclara en vistas del primer principio fundamental sobre la división ente lo objetivo y lo subjetivo: "Si no se tiene en cuenta el segundo principio, uno se ve

casi forzado a tomar por significados de las palabras representaciones internas o actos de la mente individual, con lo cual también se entra en conflicto con el primer principio". (Gla, x) El principio contextual nos ordena que la pregunta por el significado de una palabra se debe responder en vistas a su uso primario dentro de una oración completa. Quien ha comprendido, según Frege, que el significado de las palabras aisladas se constituye sólo en su aporte al significado de oraciones completas, está mucho menos tentado a tomar como su función principal "evocar imágenes o actos interiores de la mente individual" y a explicar su significado recurriendo a éstas. Como aún veremos, el principio contextual desempeña un rol muy importante en la interpretación fregeana del concepto de número.

Para aclarar su tercer principio fundamental, en el cual se exige una estricta diferenciación entre concepto y objeto, Frege señala que es sólo una ilusión "el creer que se puede hacer de un concepto un objeto, sin modificarlo". (Gla, x) Detrás de esa enigmática observación se esconde un principio fundamental de su filosofía. Podríamos denominarlo como el "Principio de la diferencia lógica y categorial entre conceptos y objetos" y provisoriamente podríamos enunciarlo así: las oraciones de la forma "Fa" expresan una relación lógica fundamental que consiste en que un objeto cae bajo un concepto ("subsunción"). Podríamos leer "Fa" del siguiente modo: "el objeto a cae bajo el concepto F". Eliminemos la expresión que designa al objeto "a" y la respectiva designación del concepto "F" y rellenemos los espacios que aún permanecen con "( )" y con "__" respectivamente. Tendremos así las siguientes expresiones: "( ) cae bajo en concepto F" y "a cae bajo __" respectivamente.

El tercer principio fundamental de Frege quiere decir en el campo del lenguaje, que la expresión que designa un concepto nunca puede rellenar con sentido el espacio vacío que queda al eliminar la expresión que designa el objeto (el nombre propio). Y, viceversa, tampoco puede ser sustituido con sentido un nombre propio donde se encuentra la expresión que designa un concepto. Dado pues que los objetos caen bajo conceptos, no tiene sentido afirmar que "(El concepto G) cae bajo el concepto F" o que "El objeto a cae bajo <u>el objeto b</u>". Desde el punto de vista de su contenido, bajo ninguna circunstancia un concepto puede suplir el rol de un objeto y no corresponde, además, colocar objetos y conceptos en un mismo nivel de relación. En este sentido es imposible "hacer de un concepto un objeto" y viceversa. La comprensión técnica de "concepto" que se vislumbra aquí será perfeccionada por Frege e inclusive la extenderá a nuestra comprensión intuitiva de "propiedad". Dejemos en claro, entonces, que existe una absoluta e insuperable diferencia entre objeto y concepto y aquello que eventualmente ellos incluyan.

§ 3 "El número afirma algo sobre un concepto"

En los primeros tres capítulos de *Los fundamentos*, Frege discute y rechaza tres respuestas a la pregunta por la esencia del número. La primera afirma que los números son propiedades físicas de las cosas como el color, la dureza o el peso; la segunda sostiene que son representaciones (en el preciso sentido de Frege) y comparables al dolor, las alucinaciones o las impresiones de los sentidos. La tercera concepción nos dice que los números no son otra cosa que "conjuntos" en el sentido de "agregados" concretos o "multitudes" de cosas, ya sea conjunto de seres humanos, montón de granos de arena o constelación de estrellas.[24] Frege dirige contra estas interpretaciones una gran batería de enérgicas objeciones que no abordaremos en nuestro trabajo.[25] Los resultados esenciales de esta discusión están agrupados por él en el §47: "El número no es una abstracción como lo es el color, el peso o la dureza de las cosas, es decir, en el sentido en que son las propiedades de las cosas [...]. El número no es algo físico pero tampoco algo subjetivo [...]. Las expresiones "multitud", "cantidad" y "mayoría" son, por su vaguedad, inapropiadas para aclarar qué es el número".

Los números no son, según Frege, ni propiedades ni colecciones de cosas físicas pero tampoco ningún tipo de representación subjetiva. ¿Qué son entonces? Si bien la propia interpretación de Frege resuena una y otra vez en sus críticas a las concepciones rivales, recién inicia su desarrollo sistemático en el capítulo cuarto: "El concepto de Número". Un presupuesto importante y preparatorio, pues, para esta discusión, es un punto de vista formulado por Frege en el parágrafo 46 y al cual corresponde un rol clave, según su convicción, en la correcta comprensión del concepto de número. Al mismo tiempo constituye a los ojos de Frege un antídoto eficaz contra todas las malas interpretaciones, como aquellas que aparecen en las concepciones de los otros filósofos. Recién en el parágrafo 21 alude a que las cifras son usadas, a menudo, de modo atributivo. En "Aquel árbol posee 1000 hojas", la expresión "1000" aparece gramaticalmente como atributo de "hojas", del mismo modo que "verde" en la expresión "Aquel árbol posee hojas verdes". Este uso atributivo, como respuesta a preguntas del tipo ¿Cuántos ...?, caracteriza al concepto de número que Frege considera. Pero su expresión terminológica no nos habla mayormente de "número" sino de "Número" [=cantidad=número cardinal, N. del T.]. Menos ambiguo que el término abstracto de "número", el término "Número" exige un complemento: "Número" es siempre "Número de ..." [cantidad de..., N. del T.]. Pero ¿cómo debe rezar en general el complemento faltante? ¿Cuál es el portador del número? La expresión "hojas de este árbol" que se encuentra dentro de "el Número de ...", según Frege, no nos habla ni de hojas concretas, ni de una reunión de agregados (conjuntos), ni de representaciones subjetivas de hojas. La expresión "hojas de este árbol" no cuenta como algo físico ni psíquico, sino como algo abstracto: un *concepto*. En una asignación numérica como "Este árbol posee 1000 hojas" se afirma que mil objetos caen bajo el concepto de *hoja de este árbol*. El portador del número, según la revolucionaria visión de Frege, es un concepto: "Con ello se nos sugiere como respuesta [...] que al asignar un número se afirma algo sobre un concepto. Esto quizás es más claro, ciertamente, con el número 0. Cuando digo: «Venus tiene 0 lunas», no es que haya allí ninguna luna o agregado de lunas del que pudiera afirmarse algo, sino que al concepto «luna de Venus» se le atribuye una propiedad, a saber, la de que nada cae bajo él. Si digo: «el coche del emperador es tirado por cuatro caballos» atribuyo el número cuatro al concepto «caballo que tira del coche del emperador»". (Gla, §46) "El número afirma algo sobre un concepto" significa que en una asignación numérica el sujeto lógico de la predicación lógica (una "afirmación") es un concepto. Una fórmula en la cual se expresa mejor esta estructura es "el Número n corresponde al concepto F" donde "el concepto F" conforma el sujeto lógico y "el Número n corresponde a _____" el predicado lógico (la "afirmación"). Bien entendida, según Frege, esta perspectiva resuelve de un golpe todos los problemas de la profunda estructura lógica de las asignaciones numéricas, aquellos que las anteriores críticas y pacientes interpretaciones de otros filósofos no pudieron resolver.

§ 4 La objetividad de los conceptos

De este modo se vuelve entendible especialmente la ilimitada generalidad del dominio de lo numerable. Todo puede ser numerado, no sólo los objetos físicos, como se esperaría propiamente de una concepción fisicalista del número. Frege cita aprobatoriamente el siguiente texto del filósofo inglés John Locke (1632-1704): "El número encuentra aplicación en hombres, ángeles, acciones, pensamientos, cualquier cosa que exista o que pueda ser representada". (Gla, §24) Si los conceptos son los portadores del número, se hace claro que el dominio de lo numerable es tan extenso como el de los pensamientos conceptuales.

Además se vuelve entendible la objetividad de los datos numéricos. Preguntar cuántos objetos caen bajo un concepto no es una pregunta que concierna la comprensión subjetiva, sino algo objetivo. El hecho de que en vistas de los fenómenos físicos se pueda afirmar no sólo que "Este es un grupo de árboles" sino también que "Estos son cinco árboles", había llevado a muchos filósofos a considerar los números como algo subjetivo. Esto, pues, parecería justificar que la respuesta a la pregunta por si a un mismo y único fenómeno perceptible le corresponde sólo uno o cinco objetos, resulte diferente según las captaciones subjetivas. Lo que para unos se presenta como cinco objetos, para otros, según parece y con el mismo derecho, es sólo uno. Sin embargo las apariencias engañan pues, según Frege, a diferentes números les corresponden aquí diferentes conceptos: si en una determinada percepción bajo el concepto *grupo de árboles* cae sólo un objeto y bajo el concepto de *árbol* caen cinco objetos, no es de ningún modo una cuestión puramente interpretativa. Ambos pueden ser verdaderos pero también falsos, y en ese sentido aquellas preguntas son objetivamente decidibles. Las diferentes interpretaciones corresponden a diferentes conceptos y con ello a algo objetivo. Habíamos visto ya en la aclaración de sus tres principios fundamentales, que Frege no sólo opone las representaciones subjetivas a los objetos sino también a los conceptos como algo objetivo. Conceptos y objetos son, para él, elementos fundamentales que se presentan independientemente de nuestra realidad existente. Podemos hallar afirmaciones objetivas tanto de conceptos como de objetos –y de hecho lo hacemos como Frege, por ejemplo, cuando formulamos leyes universales. De este modo afirmaciones de la forma "Todos los F son G" comprueban verdades (o falsedades) generales sobre una relación entre conceptos: "que dar un número expresa algo factual, independiente de nuestro punto de vista, solamente puede sorprender a aquellos que toman el concepto por algo subjetivo, igual que la representación. Pero esta opinión es falsa. Si subordinamos, por ejemplo, el concepto de cuerpo al de peso, o el de ballena al de mamífero, afirmamos con ello algo objetivo. Ahora bien, si los conceptos fuesen subjetivos, también sería algo subjetivo la subordinación de los unos a los otros, en cuanto relación entre ellos, como es subjetiva una relación entre representaciones". (Gla, §47) En "todos los cuerpos son pesados" el concepto de cuerpo es subordinado al de peso, al igual que en "Todas las ballenas son mamíferos" el concepto ballena lo está respecto de mamífero. El discurso, según Frege, no se ocupa aquí de ningún objeto, ni de ballenas singulares ni de mamíferos singulares y, sin embargo, es objetivamente verdadero que los conceptos ballena y mamífero se encuentran en aquella relación. Naturalmente somos nosotros quienes establecemos los límites de un concepto en la medida en que determinamos, por ejemplo, que una ballena (o un mamífero) es algo que presenta esta o aquella característica. Pero tan pronto ha sucedido esto de modo inequívoco, la pregunta de si las ballenas son mamíferos ya no es una pura cuestión de pareceres. No obstante uno no debe perturbarse, según Frege, por el hecho de que no se pueda ni percibir ni captar conceptos. Lo mismo pasa con el eje polar terrestre, con el centro de masas del sistema solar o con el ecuador: decimos que son objetivos aunque no ejerzan ningún efecto causal sobre nuestros sentidos. Su ineficacia causal no prueba que se trata de creaciones subjetivas de nuestra mente. Muestra únicamente que esos objetos no pertenecen, como componentes, al mundo causal o, como lo llama Frege, al mundo "real": "Distingo lo objetivo de lo que es palpable, espacial o real. El eje terrestre, el centro de masas del sistema solar, son objetivos, pero no quisiera llamarlos reales, como lo es la tierra misma. Es frecuente llamar al ecuador línea imaginaria, pero sería falso llamarla línea inventada; no ha nacido en el pensamiento, no es el resultado de un proceso anímico, sino que sólo ha sido conocido, aprehendido por el pensamiento. Si el ser conocido fuera equivalente al surgir, no podríamos afirmar nada positivo sobre el ecuador con respecto a una época que hubiese precedido a este supuesto surgimiento". (Gla, §26) También vale para juicios verdaderos sobre conceptos "que nosotros debemos considerar el conocer como una actividad que no produce lo conocido sino que aprehende lo ya existente". (Gg I, xxiv) Lo mismo vale para los números que encontramos en conceptos. Ellos también son causalmente ineficaces y, sin embargo, ni ellos mismos ni sus propiedades son subjetivas. Por el contrario: que 2+2=4 es para Frege directamente un modelo ejemplar de una verdad objetiva.

§ 5 LOS NÚMEROS SON OBJETOS AUTÓNOMOS

De este modo la parte crítica de su libro finaliza y Frege se aboca en el cuarto capítulo a la exposición y justificación detalladas de su propia propuesta. En primer lugar argumenta que el discurso sobre los números como *objetos* no es una mera "façon de parler" sino que debe ser tomado completamente en serio, a pesar de su ineficacia causal. Hasta ahora Frege se ha orientado con el uso atributivo de las cifras numéricas como en "este árbol tiene 1000 hojas". Esto lo condujo a la visión de que el portador del número es un concepto. Pero Frege rechaza concretamente lo que el empleo atributivo insinúa, esto es, que los números puedan ser considerados como *propiedades* de los conceptos. Ciertamente, en "el Número n corresponde al concepto F", se le otorga al concepto F una propiedad: que a él le corresponde el Número n. Pero la propiedad según la cual le corresponde el Número n, no es el Número n. Este último es sólo una parte de esta propiedad: "Por esto he evitado llamar *propiedad* de un concepto a los números 0, 1, 2. Cada uno de los números aparece como objeto autónomo precisamente porque constituye sólo una parte de la afirmación". (Gla, §57) La gramática superficial del lenguaje natural encubre aquí una vez más la profunda estructura lógica del lenguaje. Pero esta puede ser traída a la luz a través de paráfrasis apropiadas: "Dado que aún nos interesa constituir el concepto de número de modo que sea útil para la ciencia, no debe obstaculizarnos el hecho de que en el uso cotidiano del lenguaje, el número aparezca también con un carácter atributivo. Esto siempre puede evitarse. Por ejemplo la oración «Júpiter tiene cuatro lunas» se puede transformar en «el número de lunas de Júpiter es cuatro» [...]. En este caso, "es" tiene el sentido de "es igual" o «es lo mismo que». Y la forma de la igualdad es la forma que domina en aritmética". (Gla, §57) También aquí el lenguaje simbólico de la aritmética, que sirve ante todo para la expresión de ecuaciones y no prevé el uso atributivo de los numerales, está más cerca de la verdad que el "lenguaje de la vida cotidiana". Pero por medio de la posibilidad de traducir formulaciones cotidianas como "Júpiter tiene cuatro lunas" a la ecuación "El número de lunas de Júpiter = 4", el carácter atributivo de "cuatro", según Frege, se muestra como meramente aparente. En efecto, la identidad es una relación que debe establecerse solamente entre objetos y no entre conceptos. Los signos numéricos funcionan como designaciones de objetos (nombres propios en el sentido explícitamente técnico y amplio usado por Frege, Cf. SuB, 27), y los usos aparentemente atributivos de la forma "Estas son n F" son siempre sustituibles por ecuaciones de la forma "el Número de F = n".

La insistencia de Frege sobre este punto se relaciona con su tercer principio metódico que nos exige "que hay que tener presente la diferencia entre concepto y objeto". (Gla, x) Su tesis del carácter de objeto que posee el número tiene que ser visto sobre el trasfondo de su principio de la diferencia lógico categorial entre conceptos y objetos. Años más tarde, como ya mencionamos, Frege unirá explícitamente su modo de comprender los conceptos, con el concepto intuitivo de propiedad. (Cf. Cap. 5, §3) Pero podemos clarificarnos mejor las alternativas aquí en debate si partimos del concepto intuitivo de propiedad. O bien los números son propiedades de conceptos, esto es, propiedades de propiedades, o bien son objetos que ocurren en propiedades (conceptos). En el primer caso los números mismos serían conceptos y el uso atributivo en formas del tipo "estos son n F" responden a su esencia adjetiva; en el segundo caso serían objetos y así lo vemos en su uso sustantivo en ecuaciones de la forma "el Número de F = n" que hacen patente su verdadero carácter. Frege se inclina por la segunda alternativa: "La matemática [...] considera a los números como objetos, no como propiedades. Las cifras numéricas se usan de modo sustantivo y no predicativo". (WB, 271)

§ 6 LA PREGUNTA CRUCIAL: ¿CÓMO NOS SON DADOS LOS NÚMEROS?

Hasta aquí Frege cree haber mostrado ante todo tres cosas diferentes: 1. en las asignaciones numéricas los sujetos lógicos son conceptos sobre los que es afirmado algo; 2. los números son interpretados en ciencia como objetos y 3. los nombres propios de la forma "el número de F" conforman el modo fundamental de referirse lingüísticamente a ellos. En el parágrafo 62 establece el fundamento para su posterior tratamiento de la definición de los signos numéricos y plantea la pregunta crucial ante la cual, según su perspectiva, debe medirse el fracaso o el éxito de toda posible filosofía de la aritmética: ¿Cómo es que sabemos algo de esta clase de objetos? Se trata de la pregunta por nuestro acceso epistémico a los números. A causa de su impotencia causal los números no pueden impresionar nuestros sentidos, pero tampoco son representables en imágenes. Corresponden a una dimensión de la que no tenemos ni percepciones ni intuiciones y sin embargo conocemos muchas de sus propiedades y leyes. ¿Cómo es esto posible? Frege escoge para esta pregunta una formulación cuyas consabidas resonancias kantianas no permanecieron ocultas a sus lectores contemporáneos: "¿Cómo puede sernos dado un número, si no podemos tener de él ninguna representación o intuición?" (Gla, §62)

§ 7 EL "PRINCIPIO CONTEXTUAL"

Tanto más insólito debió parecerles a los lectores de Frege de aquel tiempo, el modo completamente no kantiano de responder a esta pregunta. Frege da al problema un sorprendente giro metódico: quiere responder a la pregunta por nuestro acceso epistémico a los números a través de la explicación del *sentido de las cifras numéricas*. Aquí tenemos un claro ejemplo del "linguistic turn", como es caracterizado según la opinión de muchos filósofos de la filosofía analítica del siglo 20[26]: "Solamente en el contexto de una oración las palabras significan algo. De lo que se tratará, pues, es de determinar el sentido de una oración en la que entre una cifra numérica". (Gla, §62) Sin una palabra de aclaración Frege tradujo tácitamente una pregunta epistemológica en otra lingüística. Aparentemente dio por hecho que sobraba una justificación de este paso. Unos años más tarde hizo explícito lo que aquí está supuesto en su famosa comunicación *Sobre sentido y significado* (1892). Allí detalla la conexión interna entre el sentido de los signos numéricos y nuestro acceso epistémico a los números. El sentido de un signo numérico, dirá Frege, contiene el modo en que están dados los números designados por medio de ellos. Determinar el sentido de expresiones fundamentales del tipo "el Número de F", *quiere decir*, por lo tanto, responder a la pregunta de cómo nos son dados originariamente los números, a pesar de que no podemos tener ninguna imagen o intuición de ellos. Ellos nos están dados más allá de nuestra comprensión –nuestra captación del sentido- de expresiones de la forma "el Número de F". (Cf. Cap. 7)

El objetivo es la explicación del sentido de los signos numéricos. El medio para ello es el análisis del sentido completo de las oraciones. Frege consideró necesario tomar un rodeo para el sentido de afirmaciones numéricas completas por dos razones. La primera razón fue ya mencionada por él en su formulación del principio contextual, en la introducción a *Los fundamentos*: en un análisis de palabras individuales fuera del contexto de toda la oración: "uno se ve casi forzado a tomar por significados de las palabras representaciones internas o actos de la mente individual". (Gla, x) Con frecuencia es reunida erróneamente la irrepresentabilidad del contenido de una palabra con la carencia de significado: "Entonces parece que una palabra carece de contenido, si nos falta para ella una representación interna. Pero siempre hay que tomar en consideración una oración completa. Sólo dentro de ella tienen las palabras, en realidad, un significado. Las representaciones internas que tenemos en tales casos no tienen por qué corresponder a los componentes lógicos del juicio. Es suficiente que la oración como un todo tenga un sentido; por él reciben también sus partes un contenido". (Gla, §60) El análisis de palabras más allá del contexto de la oración favorece la confusión entre los contenidos objetivos del pensar (enlazados con las expresiones correspondientes) y las representaciones subjetivas que acompañan accidentalmente el pensar estos contenidos. La segunda razón es que, al menos en la ciencia, la función principal de las palabras individuales consiste en contribuir al contenido de las oraciones que hacen públicos los juicios. Todos los conocimientos, pues, se expresan en juicios (verdaderos). La referencia a los números es sólo una preparación para el pronunciamiento de un juicio; en ese sentido el uso de términos (numéricos) individuales sirve en última instancia de preparación de lo que compete en rigor a la ciencia: la expresión de conocimientos por medio de oraciones completas, que se hacen públicos por medio de juicios. En la expresión lingüística de un juicio, las partes de la oración también han realizado necesariamente su aporte, que se reduce a la determinación del contenido del juicio. Considerar una palabra en el contexto de la oración significa, entonces, examinarla en su función originaria al determinar el contenido del juicio.

§ 8 Determinación del sentido a través de criterios de identidad

Para hacer comprensible nuestra facultad de poder referirnos a los números, debemos aclarar el sentido de los términos numéricos y esto requiere, por otra parte, la determinación del sentido de las oraciones completas en los cuales aparecen los términos numéricos. Por este motivo -argumenta Frege a continuación- necesitamos de un criterio de diferenciación y reconocimiento para identificar objetos de cualquier clase.

Quizás un ejemplo nos ayude aquí. Supongamos que deseamos catalogar y contar los cometas de los últimos dos mil años. Esta tarea es realizable sólo si en principio son contestables, al menos, las preguntas por la identidad de los cometas. ¿Es el cometa observado en el año 1066 —llamémoslo alfa- el mismo cometa del año 1910? Mientras no tengamos ningún criterio de identidad para cometas, no sabremos si se trata del mismo cometa que retorna (como el Halley) o si nos estamos ocupando de dos cometas diferentes. Ahora bien, ¿por medio de qué determinaremos la identidad de un cometa? ¿Lo haremos por su luminosidad y forma? ¿O por su órbita? Según el criterio serán distintas las respuestas a la pregunta por la identidad de los cometas. Incluso no siempre es posible decidirse por uno de ellos de modo inequívoco, puesto que los registros astronómicos muchas veces están incompletos. Supongamos que los astrónomos medievales observaron luminosidad y forma como rasgos característicos de identidad, mientras que para los astrónomos de nuestros días lo decisivo es la órbita. Tendremos así que el alfa del 1066 fue claramente más luminoso que el cometa Halley de 1910, pero posee la misma órbita. Los astrónomos medievales ven por eso el Halley como otro objeto, mientras que sus colegas de nuestros días reconocen el mismo alfa pero en lenta extinción. Con esto se vuelve claro que ambos astrónomos con "alfa" designan cosas diferentes, por ello la relación de un nombre propio con el objeto nombrado debe ser clara. Ellos responderían a nuestra pregunta original por el número de cometas de los últimos dos mil años de modo muy distinto. El concepto "cometa" es determinado de modo más claro mediante el criterio de identificación de los objetos que caen bajo él y lo mismo, pues, con el concepto "cometa de los últimos dos mil años".

A partir de estas consideraciones se pueden extraer doctrinas generales. Ya hemos visto que un nombre propio no designa nada concreto mientras no haya un criterio de identidad unívoco que determine a qué objetos se refiere. La pregunta por si alfa = Halley cobra sólo así un sentido definitivo. Sólo mediante un criterio de identidad se asigna a cada nombre propio exactamente un objeto de referencia. Asimismo el concepto de género de objetos permanece vago si la identidad de los objetos que caen bajo él es indeterminada. Si un criterio de identidad insuficiente -o incluso ausente- no nos permite determinar con claridad si un objeto cae o no bajo un concepto, entonces el concepto mismo carece de límites bien definidos.

§ 9 Estrategias de Frege para la definición

A la inversa: si una ecuación de la forma "a = b" posee un sentido definitivo, entonces debe haber también un criterio de identidad que establezca bajo qué condiciones *a* es idéntico a *b*. Frege aprovecha este contexto para la determinación del concepto de número. Su estrategia general de definición se presenta así: las oraciones que deben poseer un sentido definitivo, esto es, aquellas en las cuales los términos numéricos designan inequívocamente objetos, son las ecuaciones de la forma "el Número de F = el Número de G".

Ellas expresan, según Frege, "juicios de reconocimiento" para Números. El paso decisivo en el camino que lleva a la comprensión del concepto de Número consiste, consiguientemente, en la indagación de las determinaciones referenciales de los criterios de identidad para los números designados: "Pero ya hemos establecido que por cifras numéricas hay que entender objetos independientes. Con ello nos han sido dadas una especie de oraciones que han de tener sentido: las oraciones que expresan que algo se reconoce de nuevo. Si el signo "a" debe designar un objeto tendremos que disponer de un criterio para decidir en cualquier caso si "b" es lo mismo que "a", aún cuando no siempre esté en nuestras manos el poder aplicar este criterio". (Gla, §62) El criterio de identidad establece el sentido de las declaraciones de reconocimiento para Números y determina con ello al mismo tiempo, aunque sólo de modo implícito, el sentido de la expresión contenida dentro: "el Número de F". Recordemos que "Es suficiente que la oración como un todo tenga un sentido; por él reciben también sus partes un contenido". (Gla, §60) El sentido de la oración completa y el del signo de igualdad[27], que Frege presupone ya conocido, determinan el sentido de la única incógnita de esa igualdad: el signo numérico. Puesto que con este procedimiento -y de modo indirecto- resulta el sentido de los signos numéricos a partir del contexto, se habla también de "definición contextual" en oposición a "explícita", que establece de modo directo el sentido de expresiones desconocidas.

Frege ilustra cómo proceder en un caso particular mediante una analogía del área de la geometría. Aceptemos que no sabemos qué se entiende por la "dirección (de una recta)". Siguiendo las indicaciones generales de Frege, iniciamos nuestro intento de aclaración con la determinación del sentido de igualdad entre direcciones, en la que detectamos el criterio de identidad pertinente utilizado para ello. ¿Cuándo poseen dos rectas (de acuerdo con nuestro entendimiento intuitivo) la misma dirección? Exactamente cuando corren paralelas. Dejamos entonces en claro que para la identidad de direcciones, su carácter de paralelas es decisivo: "La dirección de la recta a = la dirección de la recta b" $=_{def}$ "La recta a es paralela a la recta b".

Como Frege explica, sustituimos hasta cierto punto el contenido del signo "( ) es paralelo a [ ]" por el signo más general y pobre en contenido de la igualdad y dividimos el contenido restante de "( ) es paralelo a [ ]" en partes iguales a izquierda y derecha de la ecuación. De este modo alcanzamos el concepto de dirección: "Sustituimos pues el signo «//» [entiéndase ( ) es paralelo a [ ]] por el más general de «=», distribuyendo el contenido particular del primero entre a y b. Fragmentamos el contenido de manera distinta a la originaria y obtenemos así un nuevo concepto". (Gla, §64) El fragmento de oración "( ) es paralelo a [ ]" posee, según esta explicación, el mismo sentido que "la dirección de ( ) = la dirección de [ ]". Puesto que, por último, el sentido de "=" nos es ya conocido, colabora -según la idea de Frege- en la comprensión de la expresión restante "la dirección de ( )".

§ 10 IDENTIDAD PARA LOS NÚMEROS: EL PRINCIPIO DE HUME

Si aplicamos este procedimiento en la determinación del concepto de número, el primer paso consistiría también en el delineamiento de un criterio de identidad para los números. Puesto que Frege introduce esta propuesta en §63 con una cita de David Hume (1711-1776), es llamado mayormente en la literatura secundaria como "principio de Hume"[28]. Su formulación como equivalencia es la siguiente:

$$\text{el Número de F} = \text{el Número de G}$$
$$\Leftrightarrow$$
$$\text{F puede coordinarse biunívocamente con G}$$

Utilizando este principio, por ejemplo, un experimentado mozo podría rápidamente verificar si sobre una mesa se encuentra igual número de platos que de vasos sin contarlos: simplemente ateniéndose a que a cada plato le corresponda un vaso y viceversa, esto es, si ellos naturalmente están coordinados "bi-unívocamente". Es de notar, sin embargo, que la relación entre la identidad de los números y la posibilidad de coordinar biunívocamente los F y los G, es mucho más estrecha a los ojos de Frege que la existente en la equivalencia material. Que el Número de F = al Número de G, no significa sino que F es coordinable biunívocamente con G. De acuerdo con Frege, el principio de Hume es constitutivo de la manera en que comprendemos las identidades numéricas, puesto que da cuenta de nuestra precomprensión intuitiva de las identidades numéricas. Por ello puede tomar el rol de criterio de adecuación para la pretendida definición del concepto de número. Su eficacia se muestra al corroborar que el principio de Hume se puede derivar inmediatamente de ella. Frege dice:

$$\text{el Número de F} = \text{el Número de G}$$
$$=_{def}$$

F puede coordinarse biunívocamente con G

El fragmento de oración "__ está biunívocamente coordinado con _ _" posee, según esta definición, el mismo sentido que "el Número de __ = el Número de _ _". Y puesto que ya nos es conocido el sentido del signo de igualdad, esto nos ayuda, según Frege, en la comprensión de la expresión restante "el Número de __".

§ 11 EL PROBLEMA DEL CESAR

Frege manifiesta en este punto una objeción que pretende mostrar que las definiciones contextuales de "el Número de F" y "la dirección de *a*", respectivamente, determinan satisfactoriamente el sentido de las ecuaciones del caso pero no alcanzan como explicaciones. Esta dificultad planteada por Frege es muy significativa tanto para su proyecto logicista como para su filosofía de la matemática en conjunto. En la literatura secundaria es discutido bajo el nombre de "el problema del Cesar".

Las definiciones contextuales, según Frege, se basan en la posibilidad de intercambiar la expresión "el Número de F" ("la dirección de *a*") precisamente por "el Número de G" ("la dirección de *b*"). Esto es realizable, precisamente, cuando F y G están mutuamente en coordinación biunívoca (cuando las rectas *a* y *b* son paralelas) y sin perjuicio de la verdad de la oración. El problema es que los respectivos criterios de identidad, incluidas las definiciones que se basan en ellos, no siempre son aplicables. Sólo resuelven cuestiones de identidad si ambos extremos del signo de la igualdad (el derecho y el izquierdo) nos son ya dados como números (o direcciones). Preguntas del tipo ¿es el Número de F = el Número de G? (¿es la dirección de *a* = la dirección de *b*?) podrían ser traducidas mediante nuestras definiciones en "¿Son F y G coordinables biunívocamente?" ("¿son paralelas las rectas *a* y *b*?"). Esto es posible pues ya en la formulación de la pregunta está presupuesto que el lado izquierdo y el lado derecho del signo igual son indicaciones numéricas o direcciones, respectivamente. Pero las definiciones nos abandonan cuando este presupuesto no está dado y nos hacemos preguntas del tipo: "¿el Número de F = Julio Cesar?", "¿la dirección de *a* = Inglaterra?". Para poder responderlas debemos saber primero si Julio Cesar es un Número y si Inglaterra es una dirección, respectivamente. Si es así, nuestro criterio es aplicable. Si no lo es, la pregunta por la identidad está ya respondida. Ahora bien, la definición misma no nos permite decidir si Cesar es un número o si Inglaterra es una dirección[29]. Estas preguntas hacen manifiesta, según Frege, una brecha seria de nuestra comprensión de la designación de números y direcciones proporcionada por las definiciones contextuales:

"En la oración "la dirección de a es igual a la dirección de b" la dirección de a aparece como objeto, y con nuestra definición tenemos un medio de reconocer este objeto, cuando aparezca quizás bajo otro ropaje, pongamos por caso, como dirección de b. Pero este medio no es suficiente para todos los casos. Siguiéndolo no se puede decidir, por ejemplo, si Inglaterra es lo mismo que la dirección del eje de la tierra. ¡Que se nos perdone este ejemplo que parece absurdo! Naturalmente nadie confundirá Inglaterra con el eje de la Tierra; pero esto no es un mérito de nuestra definición. Esta no nos dice nada acerca de si la oración "la dirección de a es igual a q" debe ser afirmada o negada, si q misma no viene dada en la forma "la dirección de b". (Gla, §66)

A través de las respectivas definiciones contextuales "no podemos obtener ningún concepto claramente delimitado de la dirección y por las mismas razones tampoco del número". (Gla, §68) La confusión al respecto de si Julio Cesar cae bajo el concepto de *Número* o si Inglaterra cae bajo el concepto de *dirección*, resulta de la vaguedad de ambos conceptos y por ello es inaplicable científicamente. La posesión de límites precisos es una exigencia para los conceptos, según la visión de Frege, que resulta de las leyes de la lógica y en especial del principio del tercero excluido: a cae bajo F o a no cae bajo F –tertium non datur.

§ 12 DEFINICIÓN EXPLÍCITA DE FREGE RECURRIENDO A LA EXTENSIÓN DE LOS CONCEPTOS

La importancia del problema del Cesar reside en que Frege se vio obligado a sustituir la definición contextual, basada en el principio de Hume, por la definición *explícita* que introducía algo totalmente nuevo en la discusión, esto es, la cuestión de la "extensión" de un concepto:

" ...probemos otra vía. Si la recta *a* es paralela a la recta *b*, la extensión del concepto 'recta paralela a la recta *a*' es igual a la extensión del concepto 'recta paralela a la recta *b*', y recíprocamente: si las extensiones de estos conceptos son iguales, *a* es paralela a *b*". (Gla, §68) Frege no intenta en absoluto definir el concepto de extensión, sino que sólo estipula lo siguiente: Dejemos correr dos rectas a y b paralelas, así, pues, no sólo poseen la misma dirección sino que las extensiones de los conceptos *recta paralela a la recta 'a'* y *recta paralela a la recta 'b'* coinciden. La legitimidad del discurso sobre la extensión del concepto presupone que vale necesariamente lo siguiente:

La recta *a* es paralela a la recta *b*

⇔

La extensión del concepto *recta paralela a la recta 'a'* = la extensión del concepto *recta paralela a la recta 'b'*.

A causa de esta relación Frege identifica la dirección con la extensión de un concepto y establece:

La dirección de *a*

$=_{def}$

la extensión del concepto *recta paralela a 'a'*

Para la definición correspondiente del concepto de Número, Frege abrevia "coordinación biunívoca" como "equinumérico" y formula la relación conceptual análoga, que depende propiamente de la anterior, del siguiente modo:

F es equinumérico a G

⇔

La extensión del concepto *equinumérico con F* = a la extensión del concepto *equinumérico con G*

La definición correspondiente del concepto de Número reza:

El Número de F

$=_{def}$

la extensión del concepto equinumérico con F.

La extensión de un concepto es la clase de todo aquello que cae bajo el respectivo concepto. En el caso de la definición de dirección se trata de objetos, o sea, rectas; en el caso de Números se trata, siguiendo esta definición, de conceptos que constituyen la extensión del concepto *equinumérico con F*. La definición de Frege identifica el Número de F con la clase de todos los conceptos equinuméricos con F. El concepto universal de Número, definido de modo sencillo, es el siguiente: "n es un Número" significa "hay un concepto F y n es el Número de F".

§ 13 Dos condiciones de legitimidad para la definición explícita

La justificación de esta definición se basa en dos presupuestos. En primer lugar debe cumplir con el criterio de adecuación de Frege, es decir, el principio de Hume debe derivarse de ella de modo inmediato. La elección de este principio como criterio de adecuación se justifica, por otra parte, si los principios de la aritmética y con ello todas las propiedades esenciales de los números, se pueden probar teniéndolo como base. El segundo presupuesto es que la definición explícita, en recurso a la extensión de los conceptos, logre vencer las dificultades frente a las cuales —a los ojos de Frege- la definición contextual falla: se debe mostrar que soluciona el problema del Cesar. Esta sola ventaja, pues, motivaría su introducción.

En *Los fundamentos* encontramos un argumento que cumple con este primer presupuesto. Frege se sirve de su definición para derivar de manera no formal el principio de Hume y sobre esta base bosqueja las pruebas de las leyes fundamentales más importantes de la aritmética. El segundo pero no menos importante punto lo pospone hasta nuevo aviso. En una nota a pie de página sentencia de modo lacónico: "Presupongo que se sabe qué es la extensión de un concepto". (Gla, §68) Pero en oposición a lo que sugiere esta observación, la aclaración del concepto de extensión no es puramente accesoria. La definición explícita de Número, pues, no soluciona de modo inmediato el problema del Cesar sino que sólo lo traslada a la extensión de los conceptos. Sería una solución sólo si el conocimiento subordinado del concepto de extensión excluyera de antemano que Cesar es un concepto de extensión. Pero para mostrar esto, este conocimiento debería quedar explicitado y aclarado pero tal explicación no la da Frege en *Los Fundamentos*. Quizás crea en aquel tiempo que dispondría de alternativas para solucionar el problema del Cesar y lograría desistir así de la introducción de extensión de conceptos y las explicaciones concomitantes necesarias. De esto habla la siguiente nota en la cual él realiza un comentario retrospectivo sobre su definición: "En todo esto, suponemos conocido el sentido de la expresión extensión de un concepto. Este modo de superar la dificultad [i.e., el problema del Cesar] no será aprobado por todo el mundo y algunos preferirán otros modos de eliminar la duda del principio. Tampoco doy una importancia decisiva a la utilización de la extensión de un concepto". (Gla, §107) Lamentablemente al final la tuvo. A pesar de todos sus escrúpulos, Frege llegaría pronto a la idea de que sin la extensión de conceptos (o "curso de valores" -como él lo nombra en general[30] en *Las leyes fundamentales)* no puede funcionar: "Pero los cursos de valores tienen además una importancia fundamental; pues yo defino el Número mismo como una extensión de concepto, y las extensiones de concepto son, según mi concepción, cursos de valores. Sin estos, por tanto, no se podría llegar a ninguna parte" (Gg I, x) Su definición explícita depende totalmente de las extensiones de concepto empleadas aquí. Como veremos más adelante, la concepción ingenua que Frege posee de ellas resulta contradictoria y, en consecuencia, su definición se derrumba.

§ 14 La ley fundamental V y la antinomia de Russell

Frege dio por terminado su trabajo analítico con la explicación del sentido de ecuaciones de la forma "El Número de F = el Número de G" mediante el principio de Hume y su complementación a través de la definición explícita de "el Número de F". En los parágrafos subsiguientes 70-86 intenta mostrar que a partir de esta base se podrán probar una serie de leyes fundamentales elementales de la aritmética: "Las definiciones se confirman por su fertilidad [...]. Tratemos de ver, pues, si se pueden derivar propiedades conocidas de los números a partir de nuestra definición de los mismos! Aquí nos serán suficientes las propiedades más sencillas". (Gla, §70) Es tan modesto como suena. Lo más sencillo con lo cual Frege se contenta, consiste en abarcar las definiciones lógicas puras de una serie completa de conceptos aritméticos fundamentales, bajo aquellos otros que Dedekind había dejado sin definir: *cero, número natural* y *siguiente*. Así, las condiciones previas para la prueba de las leyes fundamentales de Peano y Dedekind están dadas y Frege muestra cómo pueden ser derivados a partir de estas definiciones y por medios puramente lógicos[31]. Pero el primer teorema que él prueba informalmente (en §73) con la ayuda de su definición explícita de número, es el principio de Hume. Esto no debería sorprender puesto que como vimos más arriba, según la visión de Frege, este principio es constitutivo para nuestra comprensión del número y por ello puede servir como criterio de adecuación. La comprobación inmediata de que este principio se desprende de la definición explícita, lo confirma como objetivamente adecuado. Cabe agregar, a la vez, que la prueba informal del principio de Hume es la única en la cual Frege usa extensiones de concepto, y este hecho es muy significativo. Los esquemas de prueba de todas las otras leyes aritméticas proceden sin ellas. En las pruebas de *Los fundamentos*, Frege asigna una única tarea a la definición explícita -y con ello también al concepto de extensión: la prueba del principio de Hume. Para probar las otras leyes fundamentales se remite única y exclusivamente al principio de Hume y a las leyes de la lógica. A modo de resumen podríamos decir que las pruebas informales de *Los fundamentos* se realizan en dos etapas distintas: 1. La prueba del principio de Hume sobre la base de la definición explícita y recurriendo a la extensión de los conceptos; 2. La prueba de las leyes fundamentales de Peano y Dedekind sobre la base del principio de Hume y sin recurrir a las extensiones de concepto.

Como mencionamos al principio de este capítulo, *Los fundamentos* debían conformar en cierto modo sólo la obertura de la obra propiamente dicha de Frege, en la que las leyes fundamentales de la aritmética se prueban, por medio de la conceptografía, de manera estrictamente formal y su status epistemológico se presenta abiertamente. Pues sólo mediante la conceptografía se puede demostrar de modo definitivo la tesis logística de Frege y con ello el carácter analítico puro de la aritmética. En verdad, Frege veló con recelo que en todas las definiciones de *Los fundamentos* no se usaran más que conceptos lógicos[32] y que todos los teoremas fueran probados recurriendo a esas definiciones y a esos principios lógicos. Mientras estas definiciones no fueran formuladas con vocabulario de la conceptografía y que las leyes fundamentales de Peano y Dedekind no fueran formal y rigurosamente derivadas exclusivamente con el empleo de reglas conceptográficas, el carácter analítico de la aritmética -a los ojos de Frege- era aún dudoso. Así programa el siguiente paso que debía ser dado con la publicación de los dos tomos de *Las leyes fundamentales de la aritmética* (1893 y 1903). En la introducción del primer tomo Frege escribe: "En «Los fundamentos de la aritmética» traté de hacer plausible la idea de que la aritmética es una rama de la lógica y que no necesita ser fundamentada ni en la experiencia ni en la intuición. En este libro se tratará de confirmar la idea de que las leyes más simples de la aritmética pueden ser derivadas con la única ayuda de los medios lógicos". (Gg I, 1) Sin embargo, esta derivación formal no es realizada de acuerdo con la versión de la conceptografía publicada en 1879 en el libro del mismo nombre. Como ya hemos visto, Frege intenta solucionar el problema del César mediante la introducción de un nuevo tipo de objeto: las extensiones de concepto. Puesto que Frege se había convencido, entretanto, de que sin ellas el problema no tenía solución, era indispensable una definición satisfactoria de las extensiones de concepto (dicho de manera más general: "curso de valores") y la conceptografía debía adecuarse a esta novedad. Una parte esencial de esta definición la presenta Frege con la ampliación de su base axiomática mediante el agregado de un axioma complementario que, en *Las leyes fundamentales*, lleva el nombre de "ley fundamental V". De acuerdo a su contenido esencial, esta ley formula un criterio de identidad para las extensiones de conceptos:

$$\text{La extensión de F} = \text{la extensión de G}$$
$$\Leftrightarrow$$
$$\text{Todos los F son G y viceversa}$$

La introducción de esta nueva ley fundamental tuvo consecuencias desastrosas para el sistema lógico de Frege. En 1902, Russell mostró -ante el espanto de Frege- que a causa de esta ampliación puede ser derivada una contradicción en la conceptografía. No nos detendremos aquí en los detalles de esta derivación; un esbozo de las ideas principales será suficiente. La ley fundamental V permite el paso de una afirmación universal sobre conceptos a una afirmación sobre la totalidad de los objetos que caen bajo F (i.e., la extensión de F). Y esto sucede siempre que todo concepto posea una extensión, aún cuando se trate de uno vacío, como por ejemplo en los conceptos *el mayor de los números primos* y *círculo cuadrado*. Es esta suposición la que Russell confirma como falsa. Como muestra la siguiente reflexión, no todos los conceptos definibles en la teoría de Frege poseen una extensión: puesto que la extensión de los conceptos son objetos, es correcto preguntarse si la extensión de un concepto cae bajo el concepto del cual ella es la extensión. Si la respuesta es afirmativa, se contiene a sí misma; en caso contrario no se contiene a sí misma. La extensión del concepto gato no es ciertamente ningún gato pues las extensiones de conceptos no ronronean. Ella, pues, no se contiene a sí misma. Por el contrario, la extensión del concepto 'no gato' es algo que en sí misma no es un gato y por consiguiente cae bajo el concepto no gato. Esta extensión del concepto se contiene a sí misma. Como se muestra, existen extensiones de conceptos que se contienen a sí mismas y otras que no lo hacen. Examinemos ahora la extensión de concepto que abarca todas aquellas extensiones de conceptos que no se contienen a sí mismas. Lo que a primera vista se presenta como una inocente extensión de un concepto, a continuación resulta ser una contradicción: pues si se contiene a sí misma, per definitionem no debería contenerse; pero si no se contiene a sí misma, entonces per definitionem debería contenerse. Esta es la famosa antinomia de Russell[33].

Al principio Frege mantenía su optimismo. Estaba convencido de que su definición del concepto de Número era correcta en lo esencial y que la manifiesta dificultad surgida con el concepto de extensión mediante la antinomia de Russell podía ser superada. En el epílogo (apresuradamente redactado) del segundo tomo de *Las leyes fundamentales*, escribe lo siguiente:

"Con gusto hubiera yo renunciado a este fundamento –las extensiones de concepto- si hubiese conocido algún sustituto. Y aún ahora no veo cómo puede fundarse científicamente la aritmética, cómo pueden concebirse los números como objetos lógicos e introducirse en la consideración si no está permitido al menos a modo de condición pasar de un concepto a su extensión [...]. Podemos considerar como pregunta originaria de la aritmética la siguiente cuestión: ¿cómo captamos objetos lógicos? ¿Por qué estamos justificados a reconocer los números como objetos? Si bien este problema todavía no está solucionado tanto como yo pensaba al redactar este tomo, sin embargo, no dudo de que se ha encontrado el camino para resolverlo" (Gg II, 253 y 265)

Finalmente se dio por vencido. Llegó a la conclusión de que para la prueba de la tesis logicista las extensiones de conceptos eran imprescindibles, pero, al mismo tiempo, inherentemente contradictorias. La consecuencia fue clara: la tesis logicista, según la visión amarga de Frege, era insostenible.

— 256 —

fänge oder Klassen als Gegenstände im eigentlichen und vollen Sinne dieses Wortes anzuerkennen, zugleich aber einzuräumen, dass die bisherige Auffassung der Worte „Umfang eines Begriffes" einer Berichtigung bedarf.

Bevor wir hierauf näher eingehen, wird es nützlich sein, dem Auftreten jenes Widerspruches mit unsern Zeichen nachzuspüren. Dass Δ eine Klasse ist, die sich selbst nicht angehört, können wir so ausdrücken:

$$\overset{\alpha}{\vdash}\underset{\grave{\varepsilon}(\underline{\quad}\mathfrak{g}(\varepsilon))=\Delta}{\mathfrak{g}(\Delta)}$$

Und die Klasse der sich selbst nicht angehörenden Klassen wird so zu bezeichnen sein:

$$\grave{\varepsilon}\left(\overset{\alpha}{\vdash}\underset{\grave{\varepsilon}(\underline{\quad}\mathfrak{g}(\varepsilon))=\varepsilon}{\mathfrak{g}(\varepsilon)}\right)^{1)}$$

Ich will zur Abkürzung dafür in der folgenden Ableitung das Zeichen „∇" gebrauchen und dabei wegen der zweifelhaften Wahrheit den Urtheilsstrich weglassen. Demnach werde ich mit

$$\vdash\overset{\alpha}{\vdash}\underset{\grave{\varepsilon}(\underline{\quad}\mathfrak{g}(\varepsilon))=\nabla}{\mathfrak{g}(\nabla)}$$

ausdrücken, dass die Klasse ∇ sich selbst angehöre.

Nach (Vb) haben wir nun

$$\begin{array}{l}\vdash(\underline{\quad}f(\nabla))=\overset{\alpha}{\vdash}\underset{\grave{\varepsilon}(\underline{\quad}\mathfrak{g}(\varepsilon))=\nabla}{\mathfrak{g}(\nabla)}\\ \grave{\varepsilon}(\underline{\quad}f(\varepsilon))=\grave{\varepsilon}\left(\overset{\alpha}{\vdash}\underset{\grave{\varepsilon}(\underline{\quad}\mathfrak{g}(\varepsilon))=\varepsilon}{\mathfrak{g}(\varepsilon)}\right)\end{array}$$

oder, wenn wir die Abkürzung benutzen und (IIIa) anwenden

$$\begin{array}{l}\vdash\overset{f(\nabla)}{\underset{\grave{\varepsilon}(\underline{\quad}f(\varepsilon))=\nabla}{\mathfrak{g}(\nabla)}}\\ \grave{\varepsilon}(\underline{\quad}\mathfrak{g}(\varepsilon))=\nabla\end{array}\qquad(\alpha$$

Nun führen wir für „f" das deutsche „$\mathfrak{g}$" ein:

$$\begin{array}{l}\overset{\alpha}{\vdash}\underset{\grave{\varepsilon}(\underline{\quad}\mathfrak{g}(\varepsilon))=\nabla}{\mathfrak{g}(\nabla)}\\ \mathfrak{g}(\nabla)\\ \grave{\varepsilon}(\underline{\quad}\mathfrak{g}(\varepsilon))=\nabla\end{array}\qquad(\beta$$

d. h.: Wenn ∇ sich angehört, gehört es sich nicht an. Das ist die eine Seite.

Andrerseits haben wir nach (IIb)

$$\begin{array}{l}f(\nabla)\\ \grave{\varepsilon}(\underline{\quad}f(\varepsilon))=\nabla\\ \mathfrak{g}(\nabla)\\ \grave{\varepsilon}(\underline{\quad}\mathfrak{g}(\varepsilon))=\nabla\end{array}\qquad(\gamma$$

und wenn wir für „$f(\xi)$" nehmen

$$\text{»}\overset{\alpha}{\vdash}\underset{\grave{\varepsilon}(\underline{\quad}\mathfrak{g}(\varepsilon))=\xi}{\mathfrak{g}(\xi)}\text{«}:$$

$$\begin{array}{l}\overset{\alpha}{\vdash}\underset{\grave{\varepsilon}(\underline{\quad}\mathfrak{g}(\varepsilon))=\nabla}{\mathfrak{g}(\nabla)}\\ \grave{\varepsilon}\left(\overset{\alpha}{\vdash}\underset{\grave{\varepsilon}(\underline{\quad}\mathfrak{g}(\varepsilon))=\varepsilon}{\mathfrak{g}(\varepsilon)}\right)=\nabla\\ \mathfrak{g}(\nabla)\\ \grave{\varepsilon}(\underline{\quad}\mathfrak{g}(\varepsilon))=\nabla\end{array}\qquad(\delta$$

und mit Berücksichtigung unserer Abkürzung:

$$\begin{array}{l}\overset{\alpha}{\vdash}\underset{\grave{\varepsilon}(\underline{\quad}\mathfrak{g}(\varepsilon))=\nabla}{\mathfrak{g}(\nabla)}\\ \mathfrak{g}(\nabla)\\ \grave{\varepsilon}(\underline{\quad}\mathfrak{g}(\varepsilon))=\nabla\end{array}\qquad(\varepsilon$$

d. h.: Wenn ∇ sich nicht angehört, so gehört es sich an. Aus (ε) folgt nach (Ig)

---

1) Wegen des Gebrauchs der griechischen Buchstaben vergl. man Bd. I, § 9.

Derivación de Frege de la antinomia de Russell en el apéndice de *Las leyes fundamentales de la aritmética* (volumen 2)

§ 15 Principio de Hume y Teorema de Frege

En un primer momento el optimismo de Frege no fue injustificado puesto que la situación producida por la antinomia de Russell no era en absoluto clara. Ante todo había mostrado que la falsedad de la ley fundamental V dejaba intactos los resultados centrales de sus investigaciones fundamentales[34]. Salvo las modificaciones que fueron forzadas por la introducción y justificación de los cursos de valores, las definiciones de los conceptos aritméticos fundamentales y la prueba de las leyes fundamentales de Peano y Dedekind en el primer tomo de *Las leyes fundamentales* siguen en gran parte el esquema de prueba de *Los fundamentos*, el cual hace uso de la extensión de conceptos sólo para la derivación del principio de Hume. Todas las otras pruebas se basan sólo en el principio de Hume. Es muy probable, entonces, que el sistema axiomático restringido que necesitamos aquí quede libre de contradicciones. También en *Las leyes fundamentales* la estructura de prueba posee niveles: en primer lugar la prueba del principio de Hume sobre la base de la definición explícita de Número que emplea el concepto (ahora, sospechoso) de curso de valores; y luego la prueba de las leyes fundamentales de Peano y Dedekind sobre la sola base del principio de Hume. Una mirada a la prueba del segundo nivel muestra cómo hace uso Frege del curso de valores inclusive repetidas veces. Una detallada investigación muestra sin embargo también que éste no es necesario: todas las pruebas podrían ser reformuladas sin él (siguiendo como modelo el esquema de prueba de *Los fundamentos*). Y consiguientemente Frege lo logró, esto es, derivar las leyes fundamentales de Peano y Dedekind de una única premisa: el principio de Hume. Este significativo logro, el de reconducir las cinco leyes fundamentales de Peano y Dedekind a un principio único y fundamental, es el llamado "teorema de Frege". Además, todo esto habla a favor de que Frege estaba completamente seguro respecto de que la ley fundamental V y con ello el concepto asociado de curso de valores, sólo eran necesarios para la prueba del principio de Hume. En una carta de 1910 él remite expresamente al hecho de que "empleó extensiones de conceptos en mayor medida de lo que hubiese sido necesario porque con ello logró algunas simplificaciones". (WB, 121)

La contradicción puede ser eliminada mediante el simple intercambio de la ley fundamental V por el principio de Hume! En lugar de probar el principio de Hume recurriendo al concepto de curso de valores, propone considerarlo como axioma y evitar con ello la introducción de curso de valores. Realizando esta sustitución, el destino de la tesis logicista depende del status epistémico del principio de Hume. A pesar de que la mayoría de los expertos ponen en duda hoy que ello pueda valer como lógico puro, con este paso Frege, al fin y al cabo, como formula Boolos, "habría trocado un arrollador éxito matemático por una vaga esperanza filosófica. No es mal negocio"[35]. Pero con ello se plantea la pregunta: ¿Por qué entonces Frege no lo hizo? Parte de la respuesta es, probablemente, que este éxito matemático habría representado sólo un débil consuelo frente al fracaso de su proyecto filosófico. Si bien es verdad que el intercambio de la ley fundamental V por el principio de Hume solucionó el problema formal planteado por la antinomia de Russell, no logró resolver la dificultad filosófica que había motivado en Frege la introducción de la extensión de los conceptos: el problema del César. Recordemos: Frege rechaza en *Los fundamentos* la definición contextual de "el Número de F", considerada por él al principio, con el argumento de que no nos permite decidir (al menos en principio) en el caso de ecuaciones del tipo "el Número de F = Julio César". Aquí reside la dificultad principal.

Nos resta afirmar que el proyecto de Frege no fracasó por un problema formal. Según la visión de los matemáticos, la prueba de la derivabilidad lógica de amplias partes de la matemática a partir del principio de Hume, es un resultado científico de primer rango. El problema del César se había planteado a consecuencia de la respuesta a una pregunta filosófica: ¿Cómo nos son dados los números? En general: ¿Cómo nos son dados los objetos lógicos? Este es, como remarca Frege, el "problema fundamental de la aritmética": "Sólo porque yo, para tratar los números, necesité un medio para introducir objetos en el modo puramente lógico, me decidí a admitir el tránsito de los conceptos (que son funciones) a la extensión de los conceptos o clases, que son objetos" (WB, 121, nota al pie, 13) La ley fundamental V tenía hasta cierto punto una función de puente. Pareció legitimar de manera puramente lógica el tránsito de oraciones sobre *conceptos* a oraciones sobre *objetos* conectados necesariamente con estos conceptos.

Y así se insinuó la solución de que descubrimos objetos lógicos en conceptos como sus extensiones: "Por medio de nuestras habilidades lógicas capturamos la extensión de conceptos, a partir de conceptos". (NS 197, Cf. WB, 121) De este modo Frege había representado la cosa originariamente. Pero la contradicción mostró que la ley fundamental V no puede cumplir con esta función de puente. Finalmente se convenció de que tampoco un principio debilitado era capaz de lograr esto de ningún modo filosóficamente satisfactorio, puesto que la idea de una extensión de un concepto (así, según su diagnóstico concluyente) se basa en una ilusión lingüística. (Cf. Cap. 6, §2) Este es, finalmente, el problema epistemológico para el cual Frege no halló una solución satisfactoria y por el cual el logicismo fracasó ante sus ojos.

5. FILOSOFÍA DE LA LÓGICA DE FREGE: "SIGNIFICADO"

En los capítulos vistos hasta aquí nos hemos ocupado principalmente del proyecto logicista de Frege. En los siguientes el tema central será, pues, su filosofía de la lógica.

§ 1 Legitimación semántica de las reglas para obtener conclusiones

Una regla válida para concluir debe asegurar que de premisas verdaderas siempre se siguen conclusiones verdaderas. Que una regla cumpla con esta condición, a menudo es evidente ya de modo inmediato; especialmente muchas reglas para concluir son, como dice Frege, axiomas transformados en "prescripciones del pensar" cuya validez debiera ser evidente. Como en el caso de los axiomas, los predecesores de Frege confiaron mayormente en su validez intuitiva para elegir las reglas para concluir. Pero para su proyecto, Frege se vio impedido de hacer lo mismo que aquellos, es decir, de confiar en meras intuiciones. Incluso para reglas evidentes para concluir es indispensable "preguntarse por la naturaleza de esta evidencia, si es lógica o intuitiva". (Gla, §90) En el curso de la fundamentación de su tesis logicista Frege debió mostrar que las reglas usadas por él en la conceptografía tienen su validez sobre un fundamento lógico puro.

Su comprobación se basa en la siguiente reflexión: en un razonamiento válido la verdad de las premisas fuerza la verdad la conclusión. Los factores que determinan las premisas como verdaderas, hacen verdadera al mismo tiempo la conclusión. La meta debe ser formular las leyes de estos factores de determinación de la verdad: las "leyes de la verdad". (NS, 139) Puesto que la insuperable universalidad es un rasgo necesario de lo lógico, entran en consideración desde el principio sólo aquellas leyes cuya verdad es independiente del contenido *particular* de las premisas y de la conclusión. Su universalidad debe ser tal que sean aplicables a todos los argumentos de igual modo y sea cual fuere la disciplina del saber a las que pertenezcan esas premisas y conclusiones. Las reglas para concluir, que en este sentido son universales y conservan la verdad, deberán cumplir como mínimo con las condiciones necesarias que deben respetar las reglas lógicas puras. Por falta de un criterio suficiente y necesario de demarcación que separe lo lógico de lo no lógico, permanece aún aquí una cierta vaguedad; pero esto no excluye que determinadas reglas para obtener conclusiones, como por ejemplo la regla de separación de Frege (Cf. Cap.3, §7), representen inequívocamente genuinos modos de concluir lógicos libres de todo error (así como la vaguedad del concepto *calvo* no excluye un acuerdo al respecto de precisos casos de aplicación).

Una teoría general sobre el modo en que se determina la verdad o falsedad de una oración aseverativa, se denomina en nuestros días a menudo como "semántica". Frege puede reclamar para sí haber desarrollado por primera vez en la historia de la lógica una teoría semántica para un lenguaje y haber puesto así los fundamentos de una teoría general de la validez lógica[36]. Cabe considerar, sin embargo, que su semántica hace referencia de modo directo y primario a la conceptografía. El modo mediante el cual Frege funda el carácter estrictamente lógico de la regla de separación que legitima el paso de las premisas "p→q" y "p" a la conclusión "q", nos muestra cómo puede verse tal semántica y qué debe ella realizar. Preguntémonos de cuáles factores depende la verdad de "p→q" y si éstos, junto con la verdad de "p", determinan también al mismo tiempo la conclusión "q" como verdadera. ¿Bajo qué condiciones universales es verdadero el condicional "p→q"? Frege definió que "p→q" sólo es falso cuando el antecedente "p" es verdadero y el consecuente "q" es falso. En los otros casos tal condicional es verdadero. La verdad y falsedad de p→q sólo depende respectivamente de la verdad o falsedad de "p" y "q". Denominemos con Frege lo verdadero o falso de una oración aseverativa como sus dos posibles "valores de verdad" y si es verdadero abreviamos V y si es falso F. Así pues para los dos juicios "p" y "q" hay exactamente cuatro tipos posibles de valores de verdad:

1.	Ambas son verdaderas	VV
2.	"p" es falsa, "q" verdadera	FV
3.	"p" es verdadera, "q" falsa	VF
4.	Ambas son falsas	FF

De la explicación de Frege de que "p→q" es precisamente verdadera, pues, cuando el caso 3 (VF) no tiene lugar (Gg I, § 12, 14), se desprende que la regla de separación es válida como fundamento universal. Es decir, si la premisa "p→q" es verdadera, está excluido per definitionem que "p" sea verdadero y "q", pues, falso (VF). Sin embargo, si también la segunda premisa posee el valor veritativo V, son excluidas dos más de las aún restantes tres posibles combinaciones VV, FV, FF, concretamente FV y FF. El único caso restante (VV) autoriza sólo el valor veritativo V para "q". Con ello queda indicado que "q" *tiene que ser* verdadero, en tanto "p→q" y "p" lo sean. Cada premisa restringe el margen de posibilidades, de modo tal que al final sólo resta el valor veritativo V para la conclusión y esto en la más extensa universalidad, independientemente del especial sentido que puedan tener sus componentes "p" y "q".

§ 2 EL PRINCIPIO *SALVA VERITATE* Y EL PRINCIPIO DE REALIDAD

¿Pero cómo se puede sistematizar y generalizar, pues, la comprobación de la validez de la regla de separación? Buscamos una teoría general al respecto de cómo determinar como verdadera o falsa una oración aseverativa en la conceptografía a partir de las expresiones que la constituyen y del modo de estar conectadas y, al mismo tiempo, el valor veritativo de la conclusión de un argumento en el cual esa oración aseverativa es premisa. Las expresiones que pueden conformar una oración en la conceptografía se dividen en tres categorías gramaticales: nombres propios, términos conceptuales y (para oraciones articuladas como "p→q") oraciones aseverativas enteras[37]. El objetivo es descubrir aquellas propiedades de estas expresiones, que son consideradas en sí mismas como necesarias y, junto con las propiedades semánticas de la parte restante de la oración, suficientes para determinar como verdadera o falsa una oración aseverativa en la cual ellas aparecen. De ello resulta el principio general de que el portador de estas propiedades en cada oración aseverativa podría ser intercambiado por otra expresión con iguales propiedades semánticas, sin perjuicio de su valor veritativo, o como se dice de modo más simple: "salva veritate". (Cf. SuB, 35) Si las respectivas propiedades semánticas de las expresiones que constituyen la oración son aquellas en virtud de las cuales ella es determinada como verdadera o falsa, entonces por el mero cambio de la expresión, nunca puede derivarse de una oración aseverativa verdadera una falsa (y viceversa), siempre y cuando se mantenga la cuestionada propiedad semántica. Este principio abstracto –podemos llamarlo "principio salva veritate"– puede servir como test de comprobación de propiedades semánticas: un posible cambio del valor veritativo probaría su diferencia.

Sin embargo, este principio está subordinado a una intuición mucho más concreta: la convicción fundamental de Frege de que nos hallamos frente a un mundo cuya existencia es independiente de nosotros. Un mundo que en última instancia, hace verdaderas o falsas nuestras oraciones. Podemos denominar a esta tesis como "Principio de realidad"[38]. El mundo es aquello sobre lo cual hablamos y de este modo el valor veritativo de la oración "Viena es una ciudad" sólo depende de que el objeto de su sujeto (en este caso: la capital austriaca) posea la propiedad de ser una ciudad. Condición de su verdad es, de hecho, que realmente logremos abordar la realidad con el nombre propio "Viena" y señalar una ciudad –y no sólo una imagen de ella pues en ese caso la oración aseverativa sería falsa: ninguna imagen es una ciudad.

§ 3 OBJETO, VALOR VERITATIVO Y CONCEPTO

Intentemos entonces hacer productivos el principio salva veritate y el principio de realidad para el descubrimiento de las propiedades semánticas de nombres propios, predicados y oraciones aseverativas. Comenzaremos, pues, con los nombres propios. Para proporcionar validez a la influencia del mundo, determinante del valor de verdad exigido por el principio de realidad, un nombre propio debe referirse a algo en ese mundo. La propiedad que, según Frege, *debe* poseer un nombre propio para poder co-determinar el valor veritativo de la oración aseverativa donde él aparece, es su referencia a un objeto determinado, el portador del nombre. En la oración "Viena es una ciudad", el nombre propio "Viena" designa el objeto sobre el cual se dice algo y en esto consiste su aporte a la determinación del valor veritativo de "Viena es una ciudad". Por consiguiente, el principio de realidad sugiere que en los nombres propios se tenga por semánticamente decisiva su referencia a un determinado objeto, en nuestro ejemplo: a la ciudad de Viena. ¿Armoniza esta propuesta con el principio salva veritate? Sí, puesto que, prescindiendo de algunos contextos excepcionales que en la conceptografía de Frege no aparecen (pero podrían aparecer en una versión ampliada: Cf. Cap. 6, §4), todos los nombres propios que hallamos en las oraciones aseverativas de la conceptografía de la forma "Fa" y que designan el mismo objeto "a", pueden ser intercambiados salva veritate. Mientras la referencia al objeto permanezca igual, el valor veritativo no cambia.

Atengámonos, pues, a que la propiedad semántica buscada del nombre propio es la referencia a un determinado objeto, el portador del nombre. Puesto que la posesión de esta propiedad per definitionem es necesaria y también suficiente, junto con las propiedades semánticas de las restantes partes de la oración y el modo de su vinculación para la determinación de su valor veritativo, surgen dos consecuencias importantes: si se trata de una oración aseverativa verdadera o falsa, entonces los nombres propios incluidos en ella se refieren eficazmente a objetos; al revés también vale: si para un nombre propio está ausente la referencia al objeto, la oración donde él aparece no posee valor veritativo.

Examinemos ahora las oraciones aseverativas. ¿Qué propiedad debe poseer una oración aseverativa para poder determinar como verdadera o falsa la oración articulada de la que ella es parte? Se consideran oraciones articuladas, en la conceptografía, a las oraciones de la forma "p→q" y "¬p", y también a las generalizaciones como "($\forall$x)(Fx)", las que deben ser entendidas desde una perspectiva semántica como conjunciones (en ocasiones infinitas) de las instancias de sustitución "Fa & Fb & Fc..."[39]. Podríamos entonces afirmar, en general, que el valor veritativo de una oración articulada en la conceptografía sólo puede ser determinado a partir del valor veritativo de las partes que la conforman y del modo en que están combinadas: "p→q" es precisamente verdadero cuando no vale que "p" sea verdadero y "q" falso; "¬p" es verdadero cuando "p" es falso (BS, § 7); y "($\forall$x)(Fx)" es precisamente verdadero cuando todas sus oraciones parciales lo son. Así resulta, pues, que la característica semántica buscada para todas las oraciones aseverativas es la propiedad de poseer uno de los dos valores veritativos. Prescindiendo del contexto excepcional ya mencionado más arriba podemos convencernos rápidamente de que la prueba -salva veritate- confirma este resultado. Si intercambiamos una componente verdadera de una oración articulada de la conceptografía por otra igualmente verdadera, o una falsa por otra falsa, el valor de verdad de toda la oración articulada permanece intacto.

Quedan aún los términos conceptuales. ¿En qué consiste su contribución semántica a la determinación del valor veritativo de una oración? Según Frege, en "Viena es una ciudad", no sólo hablamos del portador del nombre propio "Viena", es decir, de la ciudad Viena, sino también del concepto *ciudad* bajo el cual debe caer el sujeto Viena, si pretendemos que la oración sea verdadera. (Cf. NS, 208 s.) En general: una oración de la forma "Fa" es precisamente verdadera cuando el objeto designado por medio de "a" cae bajo el concepto designado mediante el término conceptual "F". Los conceptos, por consiguiente, son a los términos conceptuales, desde un punto de vista semántico, como los objetos a los nombres propios. Sin embargo, si bien tenemos una intuición relativamente clara sobre quién es el portador de un nombre propio, nuestra comprensión previa de conceptos es muy vaga. Tampoco aclara mucho las cosas la referencia explicativa de Frege a nuestra comprensión cotidiana de "propiedad": "yo llamo a los conceptos bajo los que cae un objeto sus propiedades". (BuG, 201) Ésta subraya que para Frege los conceptos no son subjetivos sino (como propiedades) una componente de la realidad sobre la cual hablamos. Sin embargo, se oculta al mismo tiempo, por un lado, que el entendimiento fregeano de "concepto" está acuñado con criterios semánticos y, por otro, que este común denominador no coincide con el concepto intuitivo de propiedad. Lo decisivo es el aporte de los términos conceptuales para la determinación del valor veritativo de la oración en la que ellos aparecen. Lo calculamos mediante el test salva veritate: ¿Bajo qué condiciones puede ser intercambiado un término conceptual "F" por otro "G", para todas las oraciones aseverativas de la conceptografía donde él aparece y sin perjuicio del valor veritativo? Precisamente cuando todos los objetos que caen bajo "F" también caen bajo "G" y viceversa. Antes del descubrimiento de la antinomia de Russell, Frege aún creía que podía servirse del concepto de extensión de conceptos para la formulación de este criterio. En "cada oración [pueden] sustituirse recíprocamente los términos conceptuales [...], si a ellos corresponde la misma extensión conceptual [...]. Por tanto, así como, los nombres propios del mismo objeto pueden sustituirse recíprocamente sin perjuicio de la verdad, lo mismo vale para los términos conceptuales si la extensión es la misma". (NS, 128) Por tanto, parece como si la propiedad semántica de términos conceptuales buscada consistiera en corresponder a una extensión de concepto determinada. El test salva veritate sugiere que identifiquemos los conceptos con la extensión conceptual. ¿Acaso los conceptos, en el sentido semántico que es relevante aquí, no son otra cosa que extensiones conceptuales? Ciertamente no, puesto que –como dice Frege- los conceptos serían una clase especial de objetos, aquellos que precisamente, por su naturaleza, no son: Con esto "se pasaría por alto que la extensión de los conceptos son objetos y no conceptos". (NS, 129) Frege recuerda su principio de la diferencia lógico-categorial de conceptos y objetos, al cual corresponde en el ámbito lingüístico la diferencia entre términos conceptuales y nombres propios. Solamente los nombres propios pueden estar en lugar de los objetos y sólo los términos conceptuales en lugar de los conceptos. Como resultado de aplicar el test *salva veirtate*, entonces, sólo podemos concluir que el criterio de identidad para conceptos consiste en la igualdad de sus extensiones: un concepto F y un concepto G son exactamente idénticos sólo si poseen la misma extensión, es decir, si bajo ellos caen los mismos objetos[40]. Ahora se vuelve claro también, por qué la comprensión semántica de Frege de los conceptos no coincide con el concepto intuitivo de propiedad. Según nuestra comprensión cotidiana, pues, la propiedad "ser un ente con un riñón" no es la misma propiedad que "ser un ente con corazón". Pero tenemos aquí, no obstante, dos expresiones distintas del mismo concepto, puesto que ambas –según Frege- poseen la misma extensión (todos los entes con corazón son entes con riñones y viceversa).

Si bien muchos de estos discernimientos aparecen ya implícitos en la *Conceptografía* y en *Los fundamentos*, Frege elaboró y refinó sistemáticamente su semántica sólo a comienzos de los años noventa en una serie de artículos que publicó. Introduce allí la siguiente terminología, a la cual es necesario habituarse: cada objeto, concepto y valor veritativo designado respectivamente mediante la expresión de un nombre propio, un término conceptual y una oración aseverativa, lo llama el "significado" de cada expresión. Decimos que las expresiones "significan" su respectivo "significado" (en el sentido técnico de Frege). O como de ahora en adelante escribiré para abreviar y ser más claro: ellos significan$_F$ su significado$_F$. Por consiguiente, en "Viena es una ciudad" la capital austriaca es el significado$_F$ de *Viena*, el concepto *ciudad* es el significado$_F$ del término conceptual "( ) es una ciudad", y esta misma oración aseverativa, si es verdadera, significa$_F$ el valor veritativo verdadero, o como dice Frege: "lo verdadero". Si fuera falso significaría$_F$ falsedad o "lo falso". Todas las oraciones aseverativas verdaderas significan$_F$ lo mismo, o sea, lo verdadero, todos las falsas, lo falso.

Podríamos resumir en esta terminología los resultados anteriores del siguiente modo: dos nombres propios poseen exactamente el mismo significado$_F$ cuando designan el mismo objeto; dos términos conceptuales significan$_F$ exactamente el mismo concepto cuando sus extensiones son idénticas; y dos oraciones aseverativas poseen exactamente el mismo significado$_F$ cuando ambas son verdaderas o bien ambas falsas. Podríamos representar estas relaciones semánticas del siguiente modo ("↓" debe ser leído como "significa$_F$" o "designa").

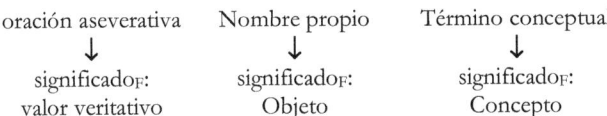

Puesto que el significado$_F$ y el tipo de encadenamiento de las partes de una oración son las que establecen su valor veritativo, y que los significados$_F$ de las oraciones aseverativas son valores veritativos, en adelante toma valor el principio de composicionalidad del significado$_F$: El significado$_F$ de una oración aseverativa es determinado sólo mediante los significados$_F$ de las designaciones[41] que aparecen en él y del modo de estar combinadas. Por tanto si un nombre propio, una expresión funcional o una oración parcial que aparecen en una oración no poseen significado$_F$, entonces esta oración no tiene significado$_F$, esto es, no posee valor veritativo.

§ 4 Argumento y función

En el curso de la elaboración de su semántica a principios de los años noventa, Frege retoma la diferencia entre "argumento" y "función" ya tratada en la *Conceptografía* de 1879, y que allí propuso como alternativa a la división tradicional entre sujeto y predicado. Con el término "función", Frege alude a un concepto fundamental del análisis que precisa y amplía para fines lógicos. Examinemos la siguiente lista de expresiones del cálculo:

$$2 \times 1^3 + 1$$
$$2 \times 4^3 + 4$$
$$2 \times 5^3 + 5$$

Según Frege tenemos aquí tres nombres propios (complejos) de los respectivos números 3, 132 y 255. Algo es común a ellos, lo que un matemático describiría así: tenemos aquí "la misma función [...] sólo con diferentes argumentos, es decir, 1, 4 y 5". (FuB, 6) Los signos numéricos "1", "4" y "5" designan los argumentos respectivos mientras que la expresión restante, que se mantiene inalterada en cada caso en la lista, representa la función. Para hacer resaltar claramente esta designación funcional, suprimimos las apariciones del nombre propio "1", "4" y "5" de todas las expresiones y marcamos con paréntesis los espacios vacíos que han surgido y que indican los lugares de argumento. Restan así tres casos de $2 \times (\ )^3 + (\ )$.

La notación con paréntesis aclara tres puntos diferentes. En primer lugar es obvio lo que Frege piensa cuando llama "incompleto", "no saturado" o "necesitado de complemento", tanto a las expresiones como a las funciones designadas con ellas. En oposición al nombre propio y su objeto, tanto la expresión funcional como la función designada poseen "espacios vacíos" que requieren ser completados. En segundo lugar, con el añadido de paréntesis, corchetes y llaves se pueden señalar distintas expresiones funcionales[42]. Así "$2 \times (\ )^3 + (\ )$" no es la misma que "$2 \times (\ )^3 + [\ ]$" pues el doble uso de paréntesis en la primera indica que ambos espacios vacíos deben ser completados por la misma expresión. Mientras que el uso del corchete en la segunda denota que son admisibles sustituciones diferentes. Así tenemos que "$2 \times (\ )^3 + [\ ]$" en oposición a "$2 \times (\ )^3 + (\ )$", designa una función con dos argumentos. En tercer lugar, literalmente hablando, esta diferencia muestra que ni "2 x ( )^3 + [ ]" ni "2 x ( )^3 + ( )", son componentes potencialmente separables de las expresiones de cálculo de nuestra lista original. Esto es así, pues, los paréntesis (o cualquier signo que indique no saturación) no aparecen en esta lista. Se puede reconocer la expresión funcional en esta lista, pero no es una parte auténtica de ella como lo son, por ejemplo, las cifras numéricas que han aparecido en este punto: se puede decir que "2 x ( )^3 + [ ]" y "2 x ( )^3 + ( )" "pueden distinguirse en ella, pero no pueden ser separadas" (ÜGG, 372, nota al pie 5). Antes bien, una expresión funcional es algo así como un patrón reconocible que puede ser común a varias expresiones: "De aquí puede verse que en lo común de aquellas expresiones reside lo esencial de la función". (FuB, 6) Si rellenamos los espacios vacíos en "2 x ( )^3 + ( )" de modo uniforme y sucesivo (los mismos signos para los mismos paréntesis) con cualquier signo numérico, como "0", "6" y "13", obtenemos cada vez algo saturado, es decir, los nombres propios "2 x 0^3 + 0", "2 x 6^3 + 6" y "2 x 13^3 + 13" respectivamente. En el nivel de los significados$_F$, la saturación de la función resulta algo autónomo, es decir: los números 0, 438 y 4407. Estos son los "valores" de nuestra función para los argumentos 0, 6 y 13, pues 2 x 0^3 + 0 = 0, 2 x 6^3 + 6 = 438 y 2 x 13^3 + 13 = 4407. Si ahora consideramos concretamente cada argumento como la coordenada *x* y su correspondiente valor veritativo como la coordenada *y* de un punto en un sistema cartesiano de coordenadas, obtenemos así una curva. Ella ilustra, según Frege, el "curso de valores" de la función designada mediante "2 x ( )^3 + ( )".

La explicación dada recién de "función" alumbra el sentido que posee esta expresión en el análisis o la que, al menos a los ojos de Frege, debería poseer. Para hacer más fructífero también para la lógica la terminología de "función", "argumento" y "valor", amplía su sentido más allá del campo del análisis. No sólo signos numéricos sino cualquier nombre propio semánticamente complejo puede, según su propuesta, descomponerse en un argumento y una expresión funcional y ser entendido como designación del valor de una función. Si quitamos por ejemplo, el nombre propio "Suecia" incluido en "la capital de Suecia", aún resta la expresión funcional "la capital de ( )", a partir de la cual se puede producir un nombre propio del valor de la función para el argumento Suecia. Este valor es la ciudad de Estocolmo. En una formulación de contenido: Estocolmo es el valor de la función *la capital de ( )* para Suecia como argumento. Estrictamente tomado también la expresión funcional es lo que, por ejemplo, los nombres propios complejos "la capital de China", "la capital de Perú" y "la capital de Austria" tienen en común; y la función designada proporciona como valor la ciudad de Pekín para el argumento China, Lima para el argumento Perú y Viena para Austria. Pero, no obstante, Frege avanza un paso más. No sólo para nombres propios complejos sino que también a partir de oraciones aseverativas se pueden producir expresiones funcionales. Si quitamos el nombre propio "Viena" de la oración "Viena es una ciudad", nos queda la expresión funcional "( ) es una ciudad". La expresión funcional es aquello que poseen en común, por ejemplo, las oraciones aseverativas siguientes: "Viena es una ciudad", "Francia es una ciudad" y "La Luna es una ciudad". ¿Pero cuáles son los valores de la función designada de este modo?" ¿Qué valores posee la función *( ) es una ciudad* para los argumentos Viena, Francia y la Luna? A nivel lingüístico cuando la expresión funcional es completada con los nombres propios Viena, Francia y la Luna logramos cada vez oraciones aseverativas que pueden ser entendidas, según Frege, como un tipo especial de nombre propio, respectivamente, como el nombre propio de su valor veritativo. Como ya vimos, toda oración aseverativa verdadera designa (significa$_F$) lo verdadero y todas las falsas lo falso. Puesto que Viena es efectivamente una ciudad, el nombre propio "Viena es una ciudad" designa (significa$_F$) lo verdadero, mientras que los otros dos de la lista designan (significan$_F$) lo falso, pues, ni Francia ni la luna son ciudades. Por consiguiente las oraciones aseverativas son nombres propios de valores veritativos o también podríamos decir -siguiendo la terminología de Frege: "nombres de valores veritativos". La relación que existe entre una oración aseverativa y su significado$_F$ (su valor veritativo) es pues la misma que existe entre un nombre propio y su portador.

§5. LOS CONCEPTOS SON FUNCIONES Y LOS VALORES VERITATIVOS SON OBJETOS

En el prólogo de su *Conceptografía*, Frege recomienda la sustitución de la tradicional división en sujeto y predicado por la de función y argumento mediante el siguiente comentario: "Es fácil ver cómo la aprehensión de un contenido como función de un argumento surte el efecto de una aprehensión formadora de conceptos". (BS, vii) Quiere decir que las respectivas expresiones funcionales que obtuvimos mediante las diferentes descomposiciones de la misma oración aseverativa, designan distintos conceptos. En *Los fundamentos* Frege explica el carácter "formador de conceptos" de estas descomposiciones del siguiente modo:

"Si en la oración 'la tierra tiene más masa que la luna', separamos 'la tierra', obtenemos el concepto 'tiene más masa que la luna'. Si, en cambio, separamos el objeto 'la luna', obtenemos el concepto 'tiene menos masa que la tierra'. Si separamos ambos a la vez, nos queda un concepto relacional, que por sí solo tiene tan poco sentido como un concepto simple: exige siempre ser completado para convertirse en un contenido enjuiciable. Pero puedo completarlo de diversas maneras: en vez de la Tierra y la luna, puedo poner, por ejemplo, el sol y la tierra, y por ello se efectúa precisamente la separación" (Gla, § 70)

Como sucede a menudo en sus escritos tempranos, no es muy preciso respecto de la distinción entre el nivel lingüístico y el nivel de contenido. Sin embargo, lo que quiere decir es claro. En su ejemplo, el desdoblamiento en objeto y concepto corresponde en cuanto al contenido, a la descomposición entre la expresión del argumento y la expresión funcional. Si quitamos la expresión "la tierra" de "la tierra posee más masa que la luna", nos resta la expresión funcional "( ) posee más masa que la luna", que designa el concepto *poseedor de más masa que la luna*. Si en lugar de ello suprimimos "la luna", nos queda la expresión funcional "la tierra posee más masa que [ ]" la cual designa el concepto *posee menos masa que la tierra*. Si quitamos finalmente ambos nombres propios, nos queda la expresión funcional "( ) posee más masa que [ ]" que responde al concepto relacional *poseer más masa que*. Tenemos ahora en claro, que los términos conceptuales no son otra cosa que un tipo singular de expresiones funcionales. Su singularidad consiste en que siempre pueden ser reemplazadas y convertirse en oraciones. En correspondencia con esto, los conceptos de Frege también son una especie singular de funciones, respectivamente aquellas cuyo valor es siempre un valor veritativo: "Con esto vemos cuán estrechamente relacionado está lo que en lógica se llama concepto con lo que nosotros llamamos función. Incluso podrá decirse directamente: "un concepto es una función cuyo valor es siempre un valor veritativo". (FuB, 15) Frege prefiere reservar la designación de "concepto" sólo para funciones con un argumento, cuyo valor es siempre un valor veritativo. Las funciones con dos argumentos cuyo valor es un valor veritativo, las llama "relaciones". (FuB, 28) La extensión de un concepto es consiguientemente "el curso de valores de una función, cuyo valor para cada argumento es un valor veritativo". (FuB, 16) La gramática de la conceptografía es expuesta de modo muy simple. Las expresiones semánticas relevantes se descomponen en sólo dos categorías: *nombres propios* (de distinta complejidad, incluidas las oraciones aseverativas) que designan (significan$_F$) objetos, y *expresiones funcionales* (de distinta complejidad, incluidos los términos conceptuales) las cuales designan (significan$_F$) funciones. Pero la elegancia y simplicidad lograda de este modo tiene su precio. La propuesta de Frege de comprender los conceptos como un caso especial de funciones, implica que el término conceptual saturado –la oración aseverativa que resulta de la saturación- corresponde al respectivo valor de la función, es decir, a uno de los dos valores veritativos; y puesto que para Frege los valores de las funciones son objetos, debemos clasificar las oraciones aseverativas como nombres propios de sus valores veritativos: "toda oración aseverativa [ ] debe considerarse como un nombre propio". (SuB, 34) Como nombres propios, por ejemplo, ellas pueden ocupar los espacios para argumentos a izquierda y derecha de una ecuación "[ ] = ( )": "Viena es una ciudad = La nieve es blanca" es para Frege una ecuación verdadera, la cual afirma que ambas oraciones significan$_F$ el mismo objeto. Puesto que ambas son verdaderas, significan$_F$ lo verdadero.

Frege recibió muchas críticas por esta interpretación de las oraciones aseverativas como nombres propios y de los valores veritativos como objetos. Principalmente porque las oraciones aseverativas no parecen servir directamente en la comunicación para designar algo y menos aún esta rareza de los valores veritativos. En primer lugar disponemos de ellas, y aquí tenemos una objeción obvia, para otorgar una expresión a nuestros juicios y convicciones, es decir, para la formulación de aseveraciones. Quien expresa una oración aseverativa con "fuerza afirmativa" (como la llama Frege), no quiere designar nada sino sólo calificar un pensamiento de verdadero. (Cf. Cap.8, §9) Por esta crítica es entendido a menudo, pues, que las oraciones aseverativas se comportan como nombres propios, según Frege, *sólo en un sentido semántico*, y por ello sólo en este sentido sirven para determinar el valor veritativo de una oración articulada en la que aparezcan como componente. Como oraciones parciales de oraciones articuladas, contribuyen (como todas las otras partes de la oración) en la determinación del valor veritativo de la expresión total, o sea, (según la tesis de Frege) al modo de un nombre propio entendido en sentido amplio. Un lenguaje en el cual la formación de oraciones articuladas fuera imposible, carecería también del fundamento para otorgar propiedades semánticas a las oraciones aseverativas. Pero, las oraciones que en una declaración concreta no contribuyen como oraciones parciales en la determinación del valor veritativo de las correspondientes oraciones articuladas, sino que afirman algo, según Frege, tampoco significan$_F$ nada. (Cf. FuB, 22, ss.) En *Las leyes fundamentales* diferencia gráfica y terminológicamente entre "nombres de valores veritativos", que contribuyen en la determinación del valor de verdad de una oración articulada y que significan$_F$ un valor de verdad, y las "oraciones de la conceptografía" en sentido propio, las que no significan$_F$ nada sino que afirman algo. (Cf. Gg I, §5)

§ 6. Conceptos de categorías superiores, relaciones entre conceptos

Puesto que los conceptos sólo son un tipo especial de funciones, podemos entonces ampliar el ya repetidas veces mencionado principio de la distinción categorial entre conceptos y objetos, a principio de la distinción entre funciones y objetos. Generalizamos así la definición dada en el capítulo cuarto (§2): una expresión funcional no puede nunca rellenar con sentido el espacio vacío dejado por la eliminación de un nombre propio, y un nombre propio no puede nunca ser puesto donde propiamente es el lugar de una expresión funcional. Puesto que sólo los objetos caen bajo conceptos, decir tanto que "la función G cae bajo la función F" como que "el objeto a cae bajo el objeto b" es un sinsentido lógico. Esto significa, en cuanto al contenido, que una función no puede tomar el rol de un objeto y que objetos y funciones no se encuentran en la misma relación. Un abismo insuperable separa las funciones de distintas categorías, como el que se encuentra entre objetos y funciones. Como aquella, esta diferencia no es el resultado de una determinación arbitraria, "sino que tiene una justificación profunda en la naturaleza de la cuestión". (FuB, 31) Las funciones examinadas en el §5 constituyen en su totalidad la categoría 1, esto es, sus argumentos son objetos y las correspondientes expresiones funcionales se obtienen eliminando el nombre propio. Ya en el capítulo cuarto, sin embargo, nos encontramos una expresión funcional de categoría 2, aquella que se forma mediante la cancelación de una de las expresiones funcionales contenidas en ella (en este caso un término conceptual): "el Número de….." El espacio vacío exige aquí ser saturado con un término conceptual y no con un nombre propio. Lo designado (su significado$_F$) mediante la expresión "el Número de…." es una función de categoría 2 cuyos argumentos son funciones de categoría 1. Otro ejemplo de una función de categoría 2 es el término conceptual "…… son exóticos". Lo mismo aquí, el lugar que corresponde al argumento debe ser saturado mediante una expresión funcional de categoría 1, por ejemplo "Yeti". En "Los Yetis son exóticos" es dicho algo del concepto "'Yeti'", esto es, que sólo unos pocos objetos caen bajo él.

Los términos conceptuales de categoría 1 corresponden, aproximadamente, a las propiedades de un objeto, los de categoría 2 a las propiedades de un concepto de categoría 1. La razón por la cual Frege da especial importancia a la existencia de conceptos de categoría superior, se vuelve clara, si uno recuerda una de las tesis centrales de *Los fundamentos*, aquella que constituye un paso decisivo para el análisis del concepto de Número: "El número afirma algo sobre un concepto". (Cf. Cap.4, §3) De acuerdo con ello, en la oración "El planeta Venus tiene 0 lunas" se dice que ningún objeto cae bajo el concepto *Luna de Venus*. Para resaltar que la oración trata de un concepto, podemos también escribir: "Al concepto *Luna de Venus* le corresponde el Número 0". Y esto es sistemáticamente equivalente a "El concepto *Luna de Venus* está vacío". Aquí se dice del concepto de categoría 1 *Luna de Venus*, que él cae bajo un concepto de categoría 2, en el de *vacuidad*, designado respectivamente mediante "…. está vacío": "El concepto *Luna de Venus* cae bajo el concepto *vacuidad*". La relación de *caer en* que se presenta entre un concepto de categoría n y otro de categoría n + 1, es análoga a aquella de *caer bajo* entre un objeto y un concepto de categoría 1.[43] Sin embargo ellos deben ser estrictamente diferenciados. Puesto que nosotros, en lugar de "El concepto *Luna de Venus* está vacío" podemos decir de modo equivalente "No hay Lunas de Venus" o "Las Lunas de Venus no existen", es muy claro que con las afirmaciones de existencia se dice también que un concepto de categoría 1 cae en un concepto de categoría 2. Por consiguiente, si en las oraciones existenciales el discurso trata de una relación entre conceptos y no entre objetos, también en una oración como "Dios existe" (o "Dios no existe"), debe ser entendido, para que tenga sentido, que no se trata del objeto Dios (pues se trataría entonces de su existencia) sino del concepto *Dios*. O bien afirma que no "(No) hay un Dios" donde "Dios" actúa como término conceptual (y esto lo da a entender aquí el artículo indeterminado); o bien la oración es un absurdo por fundamentos lógicos.[44] Esta relación entre un concepto de categoría 1 y otro de categoría 2 no debe ser confundida con la relación de subordinación existente entre conceptos de la misma categoría. En "Todas las metrópolis son ciudades" se dice que el concepto de una metrópoli está subordinado al de una ciudad. Resumiendo podemos, pues, distinguir tres relaciones lógicas: 1. La subordinación de un objeto bajo un concepto (categoría 1), como se expresa mediante una oración de la forma "Fa" o "a cae bajo F"; 2. La subordinación análoga pero para conceptos, esto es, la relación de un concepto de categoría 1 y de un concepto de categoría 2 de la forma "El concepto G (de categoría 1) cae en el concepto H (de categoría 2)"; 3. La relación de subordinación entre conceptos de la misma categoría: "Todos los F son G" o "El concepto F está subordinado al concepto G".

6. IMPERFECCIONES LÓGICAS Y OTRAS COMPLICACIONES DEL LENGUAJE NATURAL

§ 1 Imperfecciones lógicas y contextos de modificación de significados$_F$

La conceptografía debía ser "un lenguaje formal del pensamiento puro", en el cual los contenidos relevantes para obtener conclusiones lógicas (y sólo ellos) podían ser expresados de modo más preciso que en el lenguaje de palabras. En este sentido la teoría del significado$_F$ de Frege exponía en razón de cuáles factores semánticos una oración es determinada como verdadera o falsa. La validez de un argumento depende, entonces, de las propiedades semánticas de las oraciones que lo conforman. En palabras de Frege: ella aclara "bajo qué condiciones [una oración] significa lo verdadero". (Gg I, §32) La gramática de la conceptografía, sus reglas y formas de construir oraciones, está elaborada de tal modo que las condiciones veritativas de una oración se desprenden de modo inequívoco de su estructura gramatical. En este sentido las expresiones de la conceptografía deben reflejar lo más claro posible las relaciones semánticas. En esto consiste, ante todo, la transparencia reclamada por Frege para una presentación conceptográfica. Su teoría del significado$_F$ hace referencia de modo directo y primario sólo a la conceptografía, pues, desde su perspectiva las imperfecciones lógicas del lenguaje natural no permiten la formulación de una semántica coherente para ello. En los primeros parágrafos de este capítulo, discutiremos dos aspectos que ilustran estas imperfecciones lógicas del lenguaje natural: su inclinación a la elaboración de engaños lógicos, expresiones sin sentido y la igualmente fatal posibilidad, desde un punto de vista lógico, de formar expresiones "vacías" que no designan nada. De oraciones que contienen expresiones vacías no se puede concluir nada. Su uso en teorías científicas, según Frege, convierte estas últimas en inservibles. De la conceptografía se puede exigir que evite ambas imperfecciones.

Antes de concluir el capítulo nos ocuparemos finalmente del fenómeno de los contextos que modifican el significado$_F$. Frege los trata, ante todo, por tres razones: en primer lugar porque esos contextos permiten formular una cantidad importante de objeciones en contra de su teoría del significado$_F$, las que lo indujeron a realizar algunos añadidos y aclaraciones; en segundo lugar, los contextos de modificación del significado$_F$ se presentan como un fenómeno que en el proyecto logístico de Frege no juega ningún rol pero que, sin embargo, sería tenido en cuenta en determinadas ampliaciones del vocabulario de la conceptografía para otros fines. Desde ya podemos reconocer que estos contextos especiales no constituyen una imperfección para Frege, sino una complicación lingüística que una semántica debe aclarar. En tercer lugar, la existencia de un contexto de este tipo muestra que la aclaración semántica de algunas conclusiones obliga al reconocimiento de un nuevo tipo de objetos.

§ 2 Rigidez lingüística: *"El concepto caballo no es un concepto"*

Para Frege los nombres propios son esencialmente designaciones de objetos. En tanto designen algo en general, responden a objetos. Por el contrario, el significado$_F$ de un término conceptual (en tanto posea uno) es un concepto. Con relación al principio de la diferencia categorial entre objetos y conceptos, la aplicación estricta de este principio conduce a una paradoja, aquella que Frege atribuye a las imperfecciones lógicas del lenguaje natural y que está dispuesto a aceptar como "inevitable rigidez lingüística". Ella consiste, ante todo, en la efectiva y absurda afirmación de que el concepto *caballo* no es un concepto. (Cf. BuG, 196)

¿Cómo puede Frege afirmar que el concepto *caballo* no es un concepto, mientras que la ciudad Viena es ciertamente una ciudad y el volcán Vesubio un volcán? Porque si interpretamos el sujeto expresado en la oración "El concepto caballo es un caballo" siguiendo el modelo de sujeto expresado en "La ciudad Viena es una ciudad" o en "El volcán Vesubio es un volcán", reconocemos que trata de una designación de objeto (un nombre propio) y no de un término conceptual.

Ambas oraciones comparadas poseen la forma lógica "Fa": con ella se dice que los objetos designados mediante el nombre propio "a" caen bajo el concepto designado con "F". Si interpretamos de modo análogo la oración "El concepto *caballo* es un concepto", como expresión de una relación de subsunción de este tipo, implicaría pues que el sujeto "el concepto *caballo*" es una designación de objeto cuyo significado$_F$ (en tanto posea uno) no puede ser, por consiguiente, ningún concepto. Si le asignáramos la forma lógica "Fa" a la oración "el concepto *caballo* es un concepto", pues, según Frege, sería imposible que fuera verdadero. En esta argumentación es reconocible que, para Frege, entre la clasificación de una expresión como nombre propio o como término conceptual (en general: como expresión funcional) y su propiedad semántica, la de designar respectivamente un objeto o un concepto (en general: una función), existe un paralelismo rígido. Este es el motivo por el cual Frege clasifica las expresiones lingüísticas desde un punto de vista lógico puro. La relación lógica fundamental consiste en que un objeto cae bajo un concepto: "Fa". Por consiguiente las expresiones pueden tomar en una oración dos roles fundamentales: o designan un objeto *a* o un concepto *F* bajo el cual cae el objeto. Las expresiones en el primer rol, para Frege, se llaman "nombres propios", aquellas del segundo rol: "términos conceptuales". Si una expresión se comporta lógicamente como un nombre propio, entonces se trata de uno; y si una expresión cumple en una oración el rol lógico de término conceptual, es también uno. Es destacable además que para Frege existe una conexión directa entre la función lógica de una expresión en una oración y sus propiedades semánticas. Las propiedades semánticas de las expresiones explican las propiedades lógicas de la oración en la que aparecen, y en este sentido la teoría del significado$_F$ es, para Frege, la verdadera teoría de la lógica. Una expresión puede desplegar su rol como nombre propio o como término conceptual sólo en virtud de determinadas propiedades semánticas. Si "a" posee en una oración la función lógica de nombre propio, entonces su significado$_F$ es un objeto; si "F" funciona en una oración como término conceptual, entonces su significado$_F$ es necesariamente un concepto. Nombres propios que designan conceptos y términos conceptuales que son tomados por objetos son, para Frege, absurdos lógicos.

El discurso sobre el "rol lógico" de una expresión en una oración debe dilucidar que la clasificación como nombre propio o término conceptual no está determinada de una vez y para siempre, sino que depende de la función respectiva que desempeñe en la oración. En el lenguaje natural, al menos, la misma expresión puede actuar en una oración como nombre propio y en otra como término conceptual. En la oración "Viena es una ciudad", "Viena" desempeña el rol estándar de nombre propio de Viena; en "París no es Viena", la misma expresión funciona como término conceptual. Si entendemos, pues, la oración "El concepto caballo es un concepto" a partir del modelo "La ciudad de Viena es una ciudad", esto es: como afirmación sobre un objeto, entonces es necesariamente falsa (cuando no absurda). Así, pues, el término conceptual "... es un concepto" debe ser de categoría dos si es aplicable a conceptos y por ello puede finalmente ser completado sólo mediante un término conceptual para obtener una oración con sentido. Si interpretamos "el concepto caballo" como un nombre propio, entonces satisfacemos un término conceptual de categoría dos mediante un nombre propio: el resultado es un sinsentido lógico. Del mismo modo son consideradas erróneamente no sólo expresiones como "el concepto F", sino también términos conceptuales como "... es un concepto", pues, "cuando las palabras 'es un concepto' piden un nombre propio como sujeto gramatical, [...] en realidad piden una contradicción, ya que ningún nombre propio puede designar un concepto, o quizás más aún: piden un absurdo". (NS, 192) Quien caiga en la tentación (a propósito de la forma externa de la oración) de interpretar "el concepto caballo es un concepto" según el modelo de una oración de la forma "Fa", malentiende su estructura lógica, en tanto considere como objeto algo que no lo es: "al introducir la palabra 'concepto', admitimos la posibilidad de oraciones del tipo 'A es un concepto', donde A es un nombre propio. Así hemos tildado de objeto lo que, en cuanto completamente diferente, está contrapuesto directamente al objeto [...]. Pero el lenguaje nos obliga a semejantes imprecisiones y por ello no nos resta sino tenerlas siempre presentes para no equivocarnos y que no se nos borre la frontera nítida entre objeto y concepto". (NS, 210) El lenguaje me impone "con ineluctable violencia una expresión inadecuada" (NS, 130), y por eso sucede que "a veces mi expresión, tomada de manera totalmente literal, suele equivocar el pensamiento al denominar un objeto donde está mentado un concepto". (BuG, 204) Esto no significa desde luego, que no podamos en absoluto hablar de conceptos tomados en sentido estricto. Lo hacemos continuamente, por ejemplo, cuando en una oración de la forma "Fa" consideramos al objeto a subsumido bajo el concepto F. De acuerdo con Frege no sólo mediante un nombre propio podemos hablar de conceptos. Una mejor solución la ofrece la expresión "aquello que significa$_F$ el término conceptual *caballo*". A pesar de ocupar el lugar del sujeto ("Aquello que el término conceptual *caballo* significa$_F$ es un concepto" es una oración verdadera), esta expresión no es un nombre propio. Más bien representa un término conceptual, como lo muestra el siguiente uso: "Bucéfalo es, aquello que el término conceptual *caballo* significa". Según Frege, esta oración dice esencialmente lo mismo que "Bucéfalo es un caballo".

La advertencia de Frege de no comprender en "un sentido puramente literal" una oración como "El concepto *caballo* es un concepto", concluye del siguiente modo: en lugar de entenderla según el modelo de "La ciudad de Viena es una ciudad" debemos interpretarla, más o menos, desde la torpe formulación de "aquello que el término conceptual *caballo* significa$_F$, es un concepto". Frege no tiene ninguna objeción contra este modo de entender las cosas pues en este caso la oración no indica que un *objeto* cae bajo un concepto (de 1ra. categoría), sino que un concepto cae bajo otro concepto de 2da. Categoría, y esto lo considera lógicamente inobjetable y por ello verdadero.

§ 3 Insignificancia$_F$ y "ficción"

En este último parágrafo hemos conocido un ejemplo respecto de cómo determinadas formas, que son fruto de la creación de palabras en el lenguaje natural, amenazan con borrar una tan profunda diferencia lógica como la que existe entre conceptos y objetos. En un fragmento redactado poco antes de su muerte, Frege reduce el fracaso del trabajo de toda su vida a otro espejismo de los producidos por el lenguaje natural, el que fue conocido por él demasiado tarde:

"Una propiedad funesta del lenguaje para la confiabilidad del pensar es su tendencia a formar nombres propios sin objeto alguno que les corresponda [...] Un ejemplo particularmente curioso de esto es la formación de un nombre propio según el modelo "la extensión del concepto [F]", p. Ej., "la extensión del concepto estrella fija". Esta expresión parece designar un objeto debido al artículo definido; pero no hay ningún objeto que lingüísticamente pudiera designarse de este modo. De aquí se han originado las paradojas de la teoría de conjuntos, paradojas que la han aniquilado. Yo mismo estoy sometido a esta ilusión en el intento de fundamentar lógicamente los números, mientras quería considerarlos como conjuntos." (NS, 288s.)

Frege alude aquí a la fatal introducción de conjuntos (clases) para su proyecto logístico, es decir, de "curso de valores". Para designar estos últimos, completó el vocabulario de la versión original de la conceptografía (1879) agregando el nombre de curso de valores. En el caso del concepto de curso de valores, es expresado como "la extensión del concepto F". Como lo prueba la cita, llegó finalmente a la opinión de que la teoría de conjuntos era el producto de una ilusión lingüística: aquella dada en el lenguaje natural por la posibilidad de formar nombres propios de la forma "la extensión del concepto F" que pretenden designar conjuntos (clases). Pero este intento fracasa pues estas expresiones, según interpretaciones posteriores de Frege, apuntan inevitablemente al vacío. Desde siempre había sostenido la concepción de que los nombres propios vacíos eran científicamente inservibles. Pero en sentido estricto no son nombres propios sino sólo "nombres propios aparentes" que sólo simulan designar un objeto: "pues en la ciencia un nombre propio tiene la finalidad de designar determinadamente un objeto; cuando esta finalidad no se alcanza, el nombre propio no posee ninguna justificación en la ciencia. Cómo es esto en el uso cotidiano del lenguaje, no nos interesa aquí". (NS, 193) Como muestra este último comentario, Frege tenía en claro que los nombres propios vacíos eran utilizados con mucha frecuencia en el "ejercicio cotidiano del lenguaje". Les contamos a nuestros niños sobre Papa Noel y les leemos en voz alta historias sobre Blancanieves. En la televisión o en el teatro el discurso está poblado de lugares y personajes que nunca han existido, y de sucesos que nunca han tenido lugar. Pero todas ellas no cuentan para los científicos como Frege en tanto este tipo de declaraciones no correspondan a la expresión de verdades. Frege distingue el uso del lenguaje "poético" o referido al arte o la conversación, del uso "científico" del lenguaje en el cual cuenta en primer lugar la expresión de verdades. En los labios de un recitador o de un actor sobre el escenario, las mismas palabras poseen una gracia distinta a las pronunciadas por la boca de un científico que presenta en una conferencia los resultados de su investigación.

Frege explica la diferencia de los respectivos enfoques, a partir de las oposiciones entre ficción y verdad, jugando y en serio, apariencia y ser. Para la ficción es característico un uso lúdico del lenguaje, dirigido a la producción estética de apariencias, mientras que en las ciencias (como así también mayormente en la vida cotidiana) las oraciones aseverativas son empleadas primariamente con intenciones "serias": "La ficción, como también, p. ej., la pintura, tiene puesta la mira en apariencias. En la ficción las aseveraciones no son tomadas en serio: son sólo aseveraciones aparentes [...]. Si el Don Carlos de Schiller debiera ser interpretado como un acontecimiento histórico, en gran parte este drama sería falso. Pero una obra de ficción no pretende ser tomada en serio de este modo; se trata de un juego. También los nombres propios son aquí nombres propios aparentes, aunque coincidan con nombres de personajes históricos; ellos no deben ser tomados aquí seriamente". (NS, 142) Según vemos no cabe aquí en absoluto preguntar por el significado$_F$ de las expresiones usadas por un actor sobre el escenario: 'En ficción y leyendas [...] es indiferente para nosotros [que], p. ej., el nombre 'Ulises' posea un significado (o, como se dice comúnmente: que Ulises sea un personaje histórico), [ello] no nos preocupa, si queremos disfrutar simplemente de la ficción". (WB, 235) Algunas veces, sin embargo, Frege da una descripción levemente discrepante de la situación en cuestión: El actor (poeta, recitador) con la declaración de "Fa" no tiene la intención de designar algo, y en este sentido le da lo mismo si las expresiones empleadas "F" y "a" poseen un significado$_F$ o no. Pero si tienen un significado$_F$, entonces él - nolens volens - designa no obstante algo. En este caso el actor quizás no se refiere con su declaración "Fa" al objeto "a" y al concepto "F", pero las palabras elegidas por él "F" y "a" sí lo hacen. Si además debe ser cierto, que el objeto "a" cae bajo el concepto "F" entonces "Fa" expresaría incluso una verdad. (Cf. por ej. NS, 208) Ambas descripciones convergen, pues, en este punto: en ningún caso el actor *asevera* que "Fa", pues las aseveraciones lúdicas son tan poco aseveraciones como los juicios legales lúdicos son juicios con fuerza de ley. Por lo menos en esto, afirma Frege, se diferencia la expresión de una oración aseverativa en el escenario de su uso estándar. Entonces, por regla general, la expresión de una oración aseverativa sirve al respecto para establecer una aseveración, a no ser que existan motivos especiales.

Se han conocido casos en la historia de la ciencia, en los que fueron introducidos sin éxito nombres propios para designar un objeto. Si se piensa en la tesis de la existencia de un planeta en la órbita interior de

Mercurio, él debía llamarse "Vulcano". Con la introducción de este nombre propio, los científicos de aquel tiempo, "sin saberlo y sin quererlo, se extraviaron en el dominio de la ficción". (Ged, 68) Que todo nombre propio designe algo, es para Frege condición necesaria para que una oración exprese una verdad (o falsedad). Puesto que el aporte semántico de un nombre propio para la determinación del valor veritativo consiste en señalar un objeto, un nombre propio aparente es un engranaje sin dientes en el mecanismo semántico. En las oraciones verdaderas o falsas, los nombres propios se refieren con éxito a objetos. Al revés también vale: si falta la referencia del nombre propio al objeto, la oración en la cual él aparece no tiene valor de verdad. No es ni verdadero ni falso. Puesto que el valor veritativo es el significado$_F$ de una oración, es este pues sólo un caso especial del principio de composicionalidad significativa$_F$. En general, "el significado se muestra en todas partes como lo esencial para la ciencia", y esto vale en primer lugar para la ciencia de la verdad, la lógica: Un "nombre propio que nada designe, no [posee] en la lógica ninguna justificación, pues en la lógica se trata de la verdad en el más estricto sentido de la palabra". (KrBe, 453) Debemos, por tanto, "considerar el significado de las palabras como lo esencial para la lógica", y aclararnos que "las leyes lógicas son, ante todo, leyes en el reino de los significados". (NS, 133) De ello se sigue que las deficiencias semánticas convierten en inservible una prueba y que "toda su fuerza demostrativa depende de ellos [esto es, de que las designaciones empleadas en la prueba posean un significado$_F$]".(NS, 134) Una oración con (al menos) un nombre propio vacío no puede ser ni premisa ni conclusión de un argumento válido, pues "una oración en la que aparezca un nombre propio sin significado [...] se halla fuera del dominio al que se extienden las leyes lógicas". (NS, 194ss.) Las leyes lógicas no son aplicables a oraciones semánticamente incorrectas. Por ello la oración "Vulcano es el planeta más cercano al sol o no lo es" tampoco cae bajo el principio del tercero excluido. Ella no expresa ninguna verdad lógica porque no expresa ninguna verdad.

Hasta el momento nos hemos ocupado de lo siguiente: la falta de significado$_F$ de los *nombres propios* trae como consecuencia la falta de significado$_F$ de todas las oraciones en las cuales aparezcan. Lo mismo vale naturalmente para las expresiones funcionales en general y para los términos conceptuales en particular: cada "nombre de una función debe poseer un significado". (Gg II, § 65) Desde un punto de vista lógico, pues, son perfectamente admisibles los conceptos bajo los cuales no cae ningún objeto y, en ese sentido, están vacíos. En el ejemplo "No hay lunas en Venus" hemos visto cómo puede muy bien y con verdad afirmarse de un concepto su vacuidad. Incluso un concepto contradictorio como *círculo de cuatro lados* es inobjetable bajo el mismo fundamento y por eso "círculo de cuatro lados" debe ser reconocido como término conceptual pleno de significado$_F$. Desde un punto de vista lógico y semántico sólo son inadmisibles los conceptos *vagos*, para los que es incierto si al menos un objeto cae bajo él:

"El concepto debe estar precisamente delimitado. Si uno se representa conceptos según su extensión mediante regiones en el plano [v.g. mediante los diagramas de Venn o Euler], esto es ciertamente un símil que puede usarse sólo con precaución. A un concepto impreciso correspondería una región que no tendría por todas partes límites precisos, sino que en ciertos lugares, desapareciendo totalmente, pasaría al entorno. En realidad esto no sería una región; y por eso es incorrecto llamar concepto a un concepto impreciso. La lógica no puede admitir como conceptos a semejantes formaciones conceptuales; es imposible estipular leyes exactas a partir de ellas. La ley del tercero excluido es, en realidad, sólo de otra forma la exigencia de que el concepto esté precisamente delimitado. Cualquier objeto delta o cae bajo el concepto phi o no cae bajo él: tertium non datur (no hay un tercero) (Gg II, §56; Cf. NS, 194)

La exigencia de que los conceptos deben poseer un límite riguroso, es condición de la aplicabilidad de leyes lógicas, especialmente del principio de tercero excluido. Con ello es claro que conceptos notoriamente vagos como *montón* o *pelado* se aproximan poco a ser conceptos auténticos, según Frege, tan poco como un animal de peluche se aproxima a ser un animal de verdad. En el mejor de los casos podrían valer, según formula él precariamente, como "formulaciones de tipo conceptual". Desde la perspectiva semántica, la vaguedad en los conceptos es el mismo defecto que la no-referencia a un objeto en los nombres propios. De esto resulta, en función del principio de composicionalidad del significado$_F$, que todas las oraciones en las que aparezcan designaciones de conceptos vagos, no poseen valor veritativo.

Al revés también cuenta que cada concepto lógica y semánticamente lícito (lo mismo para funciones en general) debe tener un valor para toda oración, incluso si no estamos en condiciones de determinarlo para todos los casos.

§ 4 Discurso directo, entrecomillado y discurso indirecto

Cuando alguien asevera que: "Viena tiene cinco letras", exige de nuestra parte la diligencia de no confundir esta afirmación verdadera sobre la *palabra castellana* "Viena" con una afirmación (claramente falsa) sobre la capital austriaca. Cuando en el uso de una palabra en lenguaje escrito nos referimos a ella misma, podemos distinguirla de otros usos utilizando comillas o letra cursiva. Las comillas y la cursiva, respectivamente, indican que nos encontramos ante algo especial: una excepción a la indicación del diccionario, esto es, que la palabra castellana "Viena" designa la capital austriaca. Esto último corresponde, como dice Frege, al "uso habitual" de las palabras.

¿La posibilidad de un empleo "no habitual" no muestra, acaso, que la identificación que realiza Frege entre el significado$_F$ de "Viena" y la ciudad Viena requiere de una delimitación del "uso habitual"? El test basado en el principio salva veritate exige en todas las oraciones, y por ello también en "Viena posee cinco letras", que uno pueda reemplazar expresiones de igual significado$_F$ conservando los valores de verdad. Pero es evidente, y aquí cabe la objeción, de que en este contexto "Viena" no puede ser reemplazada por otra designación salva veritate de la misma ciudad. Por eso es falso, por ejemplo, "La capital austriaca posee cinco letras". Conservaríamos el mismo valor veritativo sólo con una designación alternativa de la misma palabra, por ejemplo "El nombre de la capital que consiste en las letras V-i-e-n-a (en este orden), posee cinco letras". Esta objeción indica que Frege debe relativizar su tesis semántica concerniente al significado$_F$ de "Viena". La ciudad de Viena es el significado$_F$ cotidiano de "Viena", pero algunos contextos conforman excepciones a esta regla. Según su influjo sobre las propiedades semánticas de una palabra, podemos reconocer distintos contextos: el "cotidiano" o discurso directo, en el cual una palabra posee su significado$_F$ habitual "directo", y otro contexto como la mención, en el que su signficado$_F$ es otro.

¿Autoriza Frege, pues, a considerar el discurso habitual como el caso semántico normal y la mención como una anomalía? Al fin y al cabo el test salva veritate sólo registra cambios de signficado$_F$, no nos dice qué vale como regla o cuál es el caso excepcional. Aquí se muestra el influjo del principio de realidad según el cual el valor veritativo de las oraciones depende de aquello sobre lo cual hablamos. Las intuiciones de Frege (apoyadas por el diccionario) sobre el objeto "habitual" que le corresponde a "Viena", le dicen que los contextos de entrecomillado constituyen un caso excepcional, pues, no les es posible cambiar que el término "Viena" por regla aluda a la capital de Austria. El principio salva veritate está sometido a ello. Expresiones con el mismo significado$_F$ "habitual" (directo) deberían ser sustituibles salva veritate en todas las oraciones, excepto en aquellos contextos fijados desde el principio como excepciones en vistas al principio de realidad, pues en ellos el objeto del sujeto es otro. Además, el cambio de significado$_F$ en los contextos de mención puede ser reconocido sin dificultad como una sistemática y reglamentada modificación del significado$_F$ habitual, lo que es posible con todas las expresiones. Por ello una semántica puede tratarla como anomalía, esto es, que la palabra "Viena" en muchos contextos no designe la capital austriaca, cuestión que no advierte el diccionario. En general vale que todas las expresiones de palabras entrecomilladas (pero no conforme a sentido) significan$_F$ la expresión de lo que ellas mismas son una ocurrencia. El canciller expresa las palabras: "Viena es una ciudad" y un periodista lo cita palabra por palabra: "El canciller dijo [las palabras]: *Viena es una ciudad*". No sólo "Viena" significa$_F$ aquí el nombre propio castellano "Viena", sino que también "es una ciudad" significa$_F$ el predicado castellano "es una ciudad". La cita en total significa$_F$ la oración castellana "Viena es una ciudad".

Otro contexto que Frege considera también como caso especial, es el estilo indirecto. Nos servimos de él cuando citamos declaraciones conforme al sentido. El canciller dice: "Viena es una ciudad" y un periodista lo cita en discurso indirecto: "El canciller dijo que Viena era una ciudad". A primera vista, además, en el empleo de "Viena" parece dudosa la identificación absoluta entre el significado de "Viena" y la ciudad Viena. Si fuera correcto, "Viena" debería poder ser intercambiable salva-veritate en este contexto por cualquier nombre propio con el mismo significado (habitual). Pero esto no sucede: aunque "Viena" y "lugar de nacimiento de Wittgenstein" poseen el mismo significado$_F$, la oración "El canciller dijo que el lugar de nacimiento de Wittgenstein es una ciudad" puede valer en el mejor de los casos como parcialmente conforme al sentido de la cita del canciller: "Viena es una ciudad", pues recrea sólo de modo incompleto su sentido original. El canciller hubiera podido poner en duda que lo citó correctamente puesto que, quizás, nunca escuchó hablar de Wittgenstein. Es decir, hubiera puesto en duda que el sentido de sus palabras fueran recreadas correctamente. Pero Frege esta precisión en torno al empleo de "Viena" en el estilo indirecto, no constituye una objeción a sus tesis semánticas. Y esto último por los mismos motivos que en el caso de los contextos de cita: puesto que en el estilo indirecto el objeto que corresponde al sujeto es otro. Según su argumento, las palabras tienen en este contexto también otro significado$_F$ que el normal. (Cf. SuB, 43) Nuevamente admite Frege la primacía del principio de realidad frente al principio salva-veritate. El uso de "Viena" en el discurso indirecto es sólo otra forma de modificación sistemática del uso habitual de las palabras, las cuales exigen verdaderamente otras propiedades semánticas. El test salva-veritate registra también en este contexto un desplazamiento reglamentado del significado$_F$ de "Viena", que desde la perspectiva de Frege sólo confirma que la palabra no le sirve, al que cita con sentido, para referirse a la capital de Austria. ¿Pero entonces para qué le sirve? El estilo indirecto es la reproducción conforme al sentido de lo dicho. En las citas indirectas las palabras sirven, según Frege, para designar el *sentido* de las palabras expresadas por otro. El canciller dice: "Viena es una ciudad" y manifiesta con ello que Viena es una ciudad. La cita correspondiente conforme a sentido diría: "El canciller dijo que Viena era una ciudad". La oración subordinada "que Viena era una ciudad" posee aquí la tarea de describir la intención del canciller, es decir, el sentido que comunica con su declaración (como portavoz competente de los alemanes). En ella el discurso no trata ni del lugar de nacimiento de Wittgenstein ni del concepto *ciudad*, sino del *sentido* del sujeto "Viena" y del sentido del predicado "es una ciudad": "En el estilo indirecto se habla del sentido, v.g., de las palabras de otro. De aquí resulta claro que tampoco en este modo de hablar las palabras tienen su significado habitual, sino que significan lo que habitualmente es su sentido". (SuB, 43) Las palabras empleadas tampoco tienen en este contexto su significado$_F$ habitual, sólo que esta vez no significan$_F$ expresiones de un lenguaje como en el caso de los contextos de entrecomillado, sino un nuevo tipo de objetos: los sentidos$_F$[45]. En general vale, según el análisis de Frege, que en la oración subordinada "que a es F" extraída de una cita conforme al sentido, de la forma "NN dice que a es F", se habla del sentido usual directo de la oración afirmativa Fa y con ello también del sentido de las palabras que la constituyen "a" y "F". Frege llama "pensamiento" al sentido$_F$ de una oración aseverativa en el discurso directo. Podríamos también formular el mismo punto así: en el estilo indirecto las oraciones subordinadas significan$_F$ un pensamiento. En nuestro ejemplo: el canciller expresa el pensamiento de que Viena es una ciudad. La oración subordinada "que Viena es una ciudad" es aquí un nombre propio de ese pensamiento. Según Frege pertenece a la precomprensión intuitiva del discurso indirecto, que uno hable en él del sentido$_F$ del discurso de otro. Con la constatación de que el significado$_F$ también en este contexto es otro que el habitual, el test salva veritate sólo confirma -desde su perspectiva- las expectativas intuitivas. Una teoría semántica aceptable debe tener en cuenta esta precomprensión y aclararla. Una explicación semántica correcta del discurso indirecto obliga a reconocer que el sentido$_F$ es algo que va igualmente enlazado en nuestras expresiones con el significado$_F$. El sentido$_F$ desempeña en la semántica del discurso indirecto el mismo rol que el significado$_F$ (habitual) en el directo.

La gran importancia del discurso indirecto se vuelve clara cuando hacemos conciencia de la gran aceptación que tiene en el uso cotidiano del lenguaje. Pues aunque Frege, al principio, emprendió su análisis semántico con respecto a citas con sentido, tenía en claro que el fenómeno no se limitaba a contextos de la forma "NN dice que p". Este fenómeno se presenta igualmente en el cortejo de verbos como "opinar", "creer", "dudar", "lamentar", "alegrarse", "temer", "oír", "pensar" o "juzgar", los que nosotros, a causa de su relación con sucesos o situaciones físicas, podemos llamar "verbos de la conciencia". Lo mismo en "NN piensa (teme, opina, cree) que p", la oración subordinada no significa$_F$ un valor veritativo sino un pensamiento. Además debemos considerar que hay contextos "mixtos" en los cuales nuestras palabras poseen tanto un significado$_F$ directo como uno indirecto. Consideremos, por ejemplo, "El canciller reconoce que Viena es una ciudad" como abreviatura de "Viena es una ciudad y el canciller juzga (con buenos fundamentos), que Viena es una ciudad". Vemos claramente, entonces, que "la subordinada en nuestra oración compuesta original debe considerarse propiamente doble y con diferentes significados, uno de los cuales es un pensamiento y el otro un valor de verdad". (SuB, 48) ¿Por qué? Porque en la versión detallada "Viena es una ciudad y el canciller juzga (con buenos fundamentos) que Viena es una ciudad" la primera aparición de "Viena es una ciudad" significa$_F$ un valor de verdad y la segunda un pensamiento. En la oración articulada original "El canciller reconoce que Viena es una ciudad", la subordinada asume -por consiguiente- una doble función semántica. Su significado$_F$ es un pensamiento y el valor de verdad de este pensamiento.[46]

Resumiendo podemos decir que las relaciones semánticas tal y como fueron formadas en el esquema del capítulo 5 parágrafo 3, constituyen la regla pero sólo tienen validez, sin embargo, para el "discurso directo" o "habitual". Para nuestro ejemplo "Viena es una ciudad" podríamos esquematizar este caso normal así:

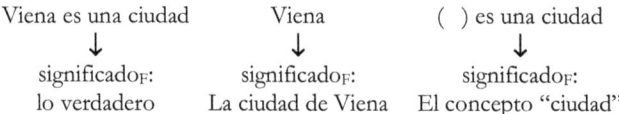

Pero si esta oración es introducida, no obstante, como cita textual: "Él dijo: *Viena es una ciudad*", entonces su significado$_F$ se desplaza. Ahora se habla de *expresiones lingüísticas*: de la oración castellana "Viena es una ciudad" y sus componentes, el sujeto "Viena" y el predicado "( ) es una ciudad":

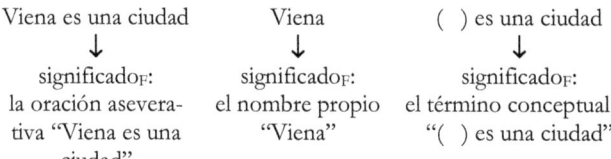

Otro caso excepcional tiene lugar cuando no citamos textualmente sino sólo conforme a sentido. En "Él dijo que Viena era una ciudad" mencionamos con la subordinada el sentido$_F$ de la oración "Viena es una ciudad" y de sus componentes:

En todas las expresiones, ya sean oraciones, nombres propios o términos conceptuales, está enlazado un sentido$_F$, que es independiente de la posesión de un significado$_F$ (para el uso del lenguaje de ficción, basta con que nuestras palabras posean sentido$_F$ sin que sea necesario un significado$_F$). Frege hace uso de la siguiente terminología: "un nombre propio (palabra, signo, combinación de signos, expresión) expresa su sentido, significa o designa su significado. Con un signo expresamos su sentido y con él designamos su significado". (SuB, 31) En lugar de "sentido de una oración afirmativa", Frege dice también "pensamiento". Una oración aseverativa expresa un pensamiento y significa$_F$ un valor de verdad. En general la comprensión de una expresión consiste primordialmente en captar su sentido$_F$. Quien comprende una oración aseverativa, capta su sentido$_F$ y piensa el pensamiento expresado por ella.

7. TEORÍA DEL "SENTIDO" EN FREGE

§ 1 ¿Para qué sirve el sentido$_F$? Semántica del estilo indirecto

La teoría del significado$_F$ presentada en el quinto y sexto capítulo, es sistemáticamente desarrollada por Frege, a principio de los años noventa, en la serie de artículos: *Función y concepto, Sobre sentido y significado* y *Sobre concepto y objeto*. Ella hace explícita, al menos para nombres propios y términos conceptuales (no para oraciones), una concepción semántica que en lo esencial ya estaba incluida pero no formulada en la *Conceptografía* y en *Los fundamentos*, aunque con toda clase de vaguedades que luego Frege elimina. En cambio, su teoría del sentido$_F$ tal como la presenta en *Sobre sentido y significado*, es nueva, aunque son ya reconocibles ciertos vestigios de ella en sus escritos tempranos. Como hemos visto, la tarea principal de la teoría fregeana del significado$_F$ consiste en la legitimación de las reglas conceptográficas para obtener conclusiones y, en este sentido, ella es propiamente su teoría de la lógica. Cabe preguntarse por qué Frege –al menos como lógico- no estaba satisfecho con su teoría del significado$_F$. ¿Para qué fue necesaria la incorporación suplementaria del sentido$_F$ y qué nos permite obtener? Ya he mencionado un motivo importante: La aplicación del principio salva veritate al discurso indirecto nos fuerza, según Frege, al reconocimiento de sentidos$_F$ en la medida en que las relaciones semánticas en el estilo indirecto sólo se comprenden si recurrimos a la distinción entre significado$_F$ y sentido$_F$: "aquí sólo puede mencionarse que el discurso indirecto sólo así puede captarse correctamente. Pues el pensamiento que habitualmente es el sentido de la oración se vuelve en el estilo indirecto su significado". (Gg I, x) La introducción de sentidos$_F$ es para Frege la consecuencia natural de una teoría del significado$_F$ aplicada al estilo indirecto y regida por el principio salva veritate. Frege destaca que si todavía no había introducido el estilo indirecto en la conceptografía era sólo porque no había ningún motivo para ello. (WB, 232) Para su proyecto logicista esto no era necesario. Otras aplicaciones de la conceptografía podrían ciertamente exigir la admisión de premisas en el estilo indirecto y entonces tendrían que inventarse posteriormente "para el estilo indirecto signos conceptográficos particulares", "cuya conexión con los correspondientes signos en el estilo directo sería no obstante fácilmente reconocible". (WB, 236) Los significados$_F$ de estos signos especiales para el estilo indirecto serían los sentidos$_F$.

§ 2 ¿Para qué sirve el sentido$_F$? Aspectos semánticos y epistémicos

Frege introdujo en su *Conceptografía* el concepto de "contenidos enjuiciables". Como ya lo indica su nombre, son aquellos contenidos que son reconocidos como verdaderos en un acto de juzgar. ¿Qué función tenían en la teoría temprana de Frege? En la *Conceptografía* desempeñaban una función doble: por una parte poseen un rol epistémico, en la medida en que ellos son los que es juzgado o "reconocido como verdadero". Ellos son el contenido de los juicios. Sin embargo Frege les asigna al mismo tiempo un rol semántico: En el § 5 de la *Conceptografía* aclara las condiciones de verdad del condicional conceptográfico "p → q", recurriendo a los casos posibles en los cuales los contenidos enjuiciables "significados" en cada caso mediante las oraciones parciales "p" y "q" pueden ser negados o afirmados: Un condicional es precisamente verdadero cuando se excluye el caso en que el contenido enjuiciable de "p" afirme y el de "q" pudiera estar negado. De acuerdo con esta explicación, la necesidad de la afirmación o negación del contenido enjuiciable es el factor determinante del valor veritativo de una oración y, en este sentido, lo determinante para la semántica de las oraciones de la conceptografía. Podríamos resumir diciendo que en la teoría temprana de Frege el concepto de contenido enjuiciable despliega un doble rol semántico y epistémico: en él fluyen y se articulan el aspecto semántico y el epistémico.

En los años posteriores a la publicación de la *Conceptografía*, Frege depuró su concepción de la semántica (es decir, de una teoría del significado$_F$). Da precisión a sus representaciones inicialmente muy vagas, insistiendo en que allí se trata en lo esencial de una teoría de los mecanismos internos de determinación del valor de verdad de las oraciones. En una semántica se trata de aquellas propiedades de las expresiones lingüísticas que, tomadas en sí mismas, son necesarias y que, junto a las propiedades semánticas y al modo de encadenamiento de las restantes componentes de la oración, también son suficientes para determinar como verdadera o falsa la oración en la cual aparecen. Puesto que de la determinación de esta tarea se sigue que dos expresiones poseen exactamente las mismas propiedades semánticas cuando pueden ser reemplazadas indistintamente en todas las oraciones sin variación de su valor veritativo, le corresponde al principio salva veritate un rol clave en la indagación de esas propiedades. Es evidente entonces para Frege que cuando él habla de la necesidad de afirmar o negar contenidos enjuiciables (en el § 5 de la *Conceptografía*), propiamente se trata de los *valores veritativos* de esos contenidos, de su verdad o falsedad (ser verdadero o ser falso). En definitiva, es necesario afirmar (o negar) el contenido enjuiciable de una oración precisamente cuando es verdadera (o falsa). Como lo muestra la aplicación estricta del principio salva-veritate a las oraciones de la conceptografía, para la indagación de los aportes semánticos se puede prescindir de los contenidos enjuiciables concretos de las oraciones parciales de una oración articulada, puesto que sólo importa su valor de verdad. Puesto que en la conceptografía sólo tratamos con el discurso habitual, todas las oraciones con el mismo valor de verdad son semánticamente equivalentes, incluso si su contenido es diferente. En el curso de la depuración y especificación de su interpretación de la semántica, Frege llegó a convencerse de que el rol semántico que en la *Conceptografía* había destinado a los contenidos enjuiciables, en realidad era el desempeñado por los dos valores de verdad.

¿Qué sucede con el rol epistémico de los contenidos enjuiciables? En todo caso queda claro que los contenidos enjuiciables entendidos como aquello que es reconocido en un juicio como verdadero, no son sus valores de verdad. Al mismo tiempo no hay nada que juegue ese doble rol espistémico-semántico que Frege había inicialmente atribuido a los contenidos enjuiciables de la *Conceptografía*. En su nueva concepción presentada a principios de los noventa, los aspectos semánticos y epistémicos de una oración habían sido separados. El concepto problemático de contenido enjuiciable es abandonado y reemplazado por dos conceptos sucesores. En la nueva teoría, el concepto de contenido enjuiciable se descompone en el de pensamiento (perspectiva epistémica) y en el de valor veritativo (perspectiva semántica): "Antes había distinguido, en lo que por su forma externa es una oración aseverativa, dos cosas: 1) el reconocimiento de su verdad, 2) el contenido que se reconoce como verdadero. Al contenido lo llamaba yo contenido enjuiciable. A éste ahora lo he analizado en lo que llamo pensamiento y valor veritativo. Esto es consecuencia de la distinción entre sentido y significado de un signo" (Gg I, x) Pero esta separación conceptual y estricta según los puntos de vista semántico y epistémico, no sólo se aplica a las oraciones sino que alcanza también a nombres propios y términos conceptuales. Así queda presentada la teoría general de Frege del sentido$_F$ y del significado$_F$ de los signos.

§ 3 El mismo significado$_F$ pero distinto valor cognoscitivo

En su artículo *Sobre sentido y significado* Frege explica su nueva teoría a partir de dos oraciones semánticamente equivalentes de la forma "a=a" y "a=b". Ambas coinciden con respecto al significado$_F$ de sus componentes. Si reemplazamos en (A) "la estrella vespertina = la estrella vespertina" el segundo suceso "la estrella vespertina" por el de "la estrella matutina", obtendremos entonces (B) "la estrella vespertina = la estrella matutina". Puesto que ambos nombres propios significan$_F$ el planeta Venus, nada cambia con este reemplazo desde un punto de vista semántico. (A) y (B) no sólo poseen en conjunto el mismo significado$_F$ sino que sus respectivas componentes poseen significados$_F$ equivalentes. Las oraciones son semánticamente congruentes. Sin embargo (A) no informa lo mismo que (B). Mientras que (A) expresa una verdad evidente, (B) formula un conocimiento astronómico que para muchos es desconocido. Frege atribuye esta divergencia, que concierne al valor cognoscitivo de ambas, a la diferencia provocada por el intercambio de sus sentidos$_F$. Si bien los nombres propios "estrella de la tarde" y "estrella de la mañana" poseen el mismo significado$_F$, no tienen el mismo sentido$_F$. De allí que el sentido$_F$ de (A) no es idéntico al de (B), a pesar de su congruencia semántica. Ambas oraciones expresan, según Frege, pensamientos distintos. Quien ha reconocido que la estrella vespertina es la estrella vespertina, no significa con ello de ningún modo que haya reconocido que la estrella vespertina es la estrella matutina.

§ 4 Los pensamientos y sus partes: composicionalidad del sentido$_F$

El argumento expuesto en §3 presupone que el sentido$_F$ de una oración consta del sentido$_F$ de sus partes componentes. Así como la oración está formada por palabras, el pensamiento expresado se constituye con el sentido$_F$ de esas palabras. Frege aclara que justamente por ello comprendemos oraciones que nunca antes habíamos escuchado.

"Una oración si debe ser útil, debe poseer un sentido. Pero la oración está compuesta de partes que deben contribuir de alguna manera en la expresión del sentido de la oración, incluso si en cierta forma debe, por consiguiente, tener un sentido. Tomemos la oración siguiente: "el Etna es más alto que el Vesubio". Tenemos aquí el nombre Etna que también puede aparecer en otra oración, por ejemplo en "El Etna está en Sicilia". Nuestra posibilidad de comprender oraciones que nunca habíamos escuchado se basa aparentemente en que construimos el sentido de una oración a partir de los elementos que la componen, es decir, las palabras. Cuando hallamos en dos oraciones la misma palabra "Etna", reconocemos asimismo en los pensamientos correspondientes algo en común que corresponde a esa palabra. Sin ello un lenguaje en sentido propio sería imposible" (WB, 127, Cf. Gdfg, 36; NS, 243)

El principio de composicionalidad del significado$_F$ establece que el significado$_F$ de una oración afirmativa resulta del significado$_F$ de las designaciones presentes en él. Con la ayuda de este principio podemos formular el *principio de la composicionalidad del sentido$_F$*: el sentido$_F$ de una oración resulta del sentido$_F$ de las expresiones presentes en ella (y así para todas las expresiones complejas: Cf. Gg I, §32). Por consiguiente, no sólo la carencia de significado$_F$ sino también la carencia de sentido$_F$ es "contagiosa": Si la componente de una oración no tiene sentido$_F$ (ya sea una expresión funcional, nombre propio o una parte de la oración), entonces esa oración tampoco lo tiene. Tanto el sentido$_F$ como el significado$_F$ de una oración "Fa" son determinados mediante el sentido$_F$ y el significado$_F$, respectivamente, de sus expresiones constitutivas "F( )" y "a" y del modo en que han sido combinadas (análogamente para todas las expresiones complejas). Frege describe en ambos niveles el resultado de esta determinación como algo "saturado" surgiendo de algo no saturado: el significado$_F$ de "Fa" resulta de la saturación del significado$_F$ de "F( )" mediante el significado$_F$ de "a"; y el sentido$_F$ de "Fa" resulta de la saturación del sentido$_F$ de "F( )" mediante el sentido$_F$ de "a". Este paralelismo superficial permite, sin embargo, que no nos engañemos sobre la diferencia de principio de los respectivos mecanismos de determinación. Mientras que los sentidos$_F$ de expresiones parciales son partes de un todo, es decir, partes del sentido$_F$ de la expresión en su conjunto, los significados$_F$ de las expresiones parciales no guardan una relación de parte a todo respecto del significado$_F$ de la expresión en su conjunto. Así, tanto el sentido$_F$ de "la capital de ( )" como el sentido$_F$ de "Suecia" son partes del sentido$_F$ de "la capital de Suecia"; pero ni el significado$_F$ de "Suecia" ni el de "la capital de ( )" son partes del significado$_F$ de "la capital de Suecia". Suecia no es una parte de Estocolmo y ningún barrio de Estocolmo es una función. (Cf. NS, 275) En general vale que el valor de una función no contenga como parte ni la función ni su argumento. Igualmente para oraciones completas no se debe tampoco "trasladar la relación entre el todo y la parte desde una oración a su significado" (SuB, 35), como el mismo Frege había hecho en 1892 aunque con ciertas reservas. (Cf. SuB 35s) En un seminario de 1913 corrige este error: "los significados de las componentes de una oración no son parte del significado de la oración. Sin embargo, el sentido de una parte de la oración es parte del sentido de la oración".[47] Podríamos resumir este punto del siguiente modo: Si Frege concibe el sentido$_F$ complejo según *el modelo mereológico de un todo y sus partes*, en el plano de los significados$_F$ se sirve del *modelo de argumento y función*. El sentido$_F$ de una oración simple "Fa" lo concebimos como un todo complejo consistente en los sentidos$_F$ parciales de "F( )" y de "a". Sin embargo consideramos el significado$_F$ de "Fa" como resultado de una representación funcional del significado$_F$ de "a" a través del significado$_F$ de "F( )". Si es correcto que las funciones nunca son parte de su valor y que, sin embargo, los sentidos$_F$ predicados son parte de los pensamientos, entonces los sentidos$_F$ de un predicado no podrían ser funciones. La no saturación del sentido$_F$ de una expresión funcional es de un carácter distinto al de la no saturación de su significado$_F$.

§ 5 Un criterio de identidad para el sentido$_F$: la evidencia de la identidad de significado$_F$

En una carta a Russell, Frege subraya nuevamente el punto de vista epistémico que él sigue para su teoría del sentido$_F$. Al mismo tiempo señala una de las condiciones necesarias para la identidad del sentido$_F$: "los términos *estrella de la tarde* y *estrella de la mañana* señalan el mismo planeta Venus; pero para reconocer esto es necesario un acto de conocimiento especial; no puede ser concluido simplemente a partir del principio de identidad. Dondequiera que la coincidencia de significado no es evidente, tenemos una diferencia de sentidos" (WB, 234)

Si la identidad de significado$_F$ de dos expresiones no se entiende por sí misma, su sentido$_F$ es diferente. De esto se sigue que para dos expresiones con el mismo sentido$_F$, es natural la coincidencia de sus respectivos significados$_F$. Por ejemplo: si "2 x 2" tiene el mismo sentido que "2^2", entonces el pensamiento expresado con "2 x 2 = 2^2" se entiende por sí mismo (y esto se cumple para todas las expresiones). ¿Cuándo un pensamiento se entiende por sí mismo? Precisamente cuando, según Frege, su "verdad [...] es inmediata a partir de él mismo, a partir del sentido de su expresión". (Gdfg, 50) Si esto no es posible, es decir, pensar un pensamiento sin reconocerlo inmediatamente como verdadero (o falso), entonces su verdad (o falsedad), como nosotros lo diríamos, es *evidente*. Si la identidad de pensamientos es sólo un caso especial de la identidad de sentidos$_F$, es evidente que los pensamientos idénticos también poseen evidentemente el mismo valor veritativo.

¿Pero podemos concluir también, al revés, que la identidad de valores veritativos de pensamientos nos lleva a la identidad de esos pensamientos? ¿Es también suficiente la condición necesaria mencionada por Frege en la cita? Si esto fuera así, tendríamos aquí el criterio objetivo exigido en otra parte por Frege "[ ], para reconocer que nuevamente se trata del mismo pensamiento". (WB, 105) Se encuentra en discusión, por lo tanto, el siguiente criterio de identidad: "el pensamiento A = pensamiento B ↔ es evidente que el valor veritativo del pensamiento A = el valor veritativo del pensamiento B".

De hecho Frege propone precisamente este criterio en un fragmento de 1906 con el nombre de "Equipolencia". La formulación de Frege tiene la ventaja de ser neutral a diferencia de la terminología de "pensamiento" y "valor veritativo" (pero al precio de una cierta oscuridad): "Dos oraciones pueden hallarse en una relación tal que cualquiera que reconozca el contenido de A como verdadero, debe reconocer también sin más el de B como verdadero; y que a la inversa cualquiera que reconozca el contenido de B, inmediatamente debe reconocer el de A (equipolencia), para lo cual se supone que la captación de los contenidos de A y B no trae ninguna dificultad". (NS, 213) Pero la equipolencia entendida de esta modo (es decir, como evidencia de la identidad de valores veritativos), no es aceptable como criterio necesario y suficiente para la identidad de pensamientos, pues los pensamientos evidentes serían idénticos. Si "p" y "q" expresan verdades evidentes, entonces es igualmente evidente que poseen el mismo valor veritativo. Pero es claro que los pensamientos expresados con "p" y "q" podrían ser distintos, por ejemplo: "Marte = Marte" y "los círculos son redondos". Si para Frege los axiomas expresan per definitionem pensamientos evidentes, es claro que esta consecuencia es inaceptable para él.[48]. Probablemente por este motivo añadió al pasaje citado más arriba una condición que tiene en cuenta esta objeción: "de cada una de las dos oraciones equipolentes A y B asumo que nada hay en su contenido que debería ser reconocido inmediatamente como verdadero por cualquiera que lo ha comprendido correctamente". (NS, 213) A causa de esta limitación, el criterio de evidencias ya no encuentra más aplicación en los pensamientos evidentes, lo cual disminuye ciertamente su valor[49].

Una dificultad complementaria del criterio de evidencias se conecta con la condición que Frege pone: su aplicabilidad a dos oraciones A y B presupone "que la captación de los contenidos de A y B no trae ninguna dificultad". (NS, 213) Pero con esto se vuelve oscuro cómo hay que interpretar una eventual vacilación respecto de la cuestión de si dos oraciones tienen el mismo valor de verdad. ¿Que nuestro juicio no sea inmediato, es un problema de entendimiento, esto es, una dificultad en la captación del contenido de la pregunta? Si este fuera el caso, no estarían dadas las condiciones para la aplicación del criterio de evidencia. ¿O se trata realmente de una vacilación en el intento de responder a la pregunta entendida en su totalidad? Solamente en este caso podríamos hacer un diagnóstico con la diferencia de sentido$_F$ de Frege. Analicemos estos tres pares de oraciones:

"2 + 2 = 4": "que 2 + 2 = 4 es verdadero
"2 + 2 = 4": no es posible (no 2 + 2 = 4)
"2 + 2 = 4": "$2^2 = 4$"

¿Es un pensamiento o dos? Para el primer par de oraciones, Frege no duda: "uno". La segunda lo hace dudar: "sólo uno" dice en *Articulación de pensamientos* (Gdfg, 44), mientras que habla de dos pensamientos en *La negación*. (Vern, 157) Para el tercer par su juicio vuelve a ser unívoco: dos pensamientos -reflexionar un poco no es aquí un signo de incomprensión. (Gg I, § 2) Quien por el contrario, vacile con su juicio para el primer par de oraciones, muestra -para Frege- que no ha comprendido correctamente al menos una de las dos oraciones. Que el autor de *Articulación de pensamientos* debiera reprocharle propiamente al autor de *La negación* cierto déficit de comprensión respecto del segundo par de oraciones, ilustra sobre las dificultades complementarias que aparecen con la propuesta de Frege. Sin duda él tenía muy en claro el problema que planteaba el concepto de evidencia. El problemático principio V había mostrado de modo drástico que, verdades supuestamente evidentes podían resultar repentinamente falsas. Pero el mismo Frege fue consciente desde el principio de que la ley fundamental V "no es tan evidente como las otras y como debe exigirse propiamente a una ley lógica". (Gg II, 253) Aunque no en la medida deseable, Frege tuvo al inicio por evidente la identidad del valor de verdad de ambos lados de la equivalencia "la extensión de F = la extensión de G ↔ todas las F son G y a la inversa". Ambos lados de la equivalencia (según Frege y en la época previa al descubrimiento de la antinomia) "expresan el mismo sentido, […] pero de diverso modo". (FuB, 10s) Quizás este sea el motivo por el que Frege aplica el criterio de evidencia en sus escritos exclusivamente a la prueba de la *diferencia* de sentido$_F$ entre dos expresiones. (Cf., por ej., FuB 14; SuB, 32; Ged, 65)

§ 6 El sentido$_F$ es objetivo, las representaciones son subjetivas

En muchos signos, junto a un sentido$_F$ y un significado$_F$, se encuentra también anexada una "representación". A causa de esta anexión de una representación, junto a su sentido$_F$ se encuentra unido a menudo un determinado "matiz" o "iluminación". (SuB, 31) Por eso las expresiones caballo y rocín, lo mismo que las oraciones "Lamentablemente Sócrates está muerto" y "Sócrates está muerto" poseen el mismo sentido$_F$ pero están matizados de modo diferente pues evocan representaciones diferentes. Si el significado$_F$ es un objeto perceptible sensiblemente, se trata frecuentemente de una imagen mental que anteriores impresiones sensibles o fantasías han dejado en nosotros o han provocado en nosotros. Si debiéramos por ejemplo decir cómo nos representamos a Cleopatra, entonces describimos esa imagen mental. Y puesto que ninguno de nosotros ha visto a Cleopatra, esas representaciones serán ciertamente muy diferentes. Del mismo modo cada uno posee su representación propia e individual y nadie más la posee fuera de él. Ningún otro puede poseer mi representación de Cleopatra y así, pues, ella es una "parte o modo" exclusivo de mi conciencia y como tal está firmemente ligada a mi persona. En este sentido las representaciones son privadas y subjetivas. Lo mismo vale, según Frege, para muchos otros acontecimientos y estados psíquicos como por ejemplo las preferencias, los deseos, los sentimientos y las disposiciones de ánimo. En un amplio sentido se trata al mismo tiempo de "representaciones" en el sentido técnico que Frege da a este término. (Cf. Ged, 66) Frege introduce la categoría subjetiva de las representaciones para destacar de forma nítida y en comparación con ella, la objetividad de los sentidos$_F$. Pues los sentidos$_F$ y los pensamientos no son partes o modos de nuestra conciencia. En caso contrario sería imposible que diferentes pensadores captaran estrictamente el mismo sentido$_F$ y pensaran el mismo pensamiento:

"La representación es subjetiva: la representación de uno no es la representación de otro. [ ] [ella] se diferencia esencialmente del sentido de su signo, que puede ser propiedad común de muchos y, por tanto, no es una parte o modo del alma individual; pues sin duda no se podrá negar que la humanidad tiene un acervo común de pensamientos que transmite de una generación a otra. Según esto, mientras que no esté sometido a reparo alguno hablar del sentido sin más, en la representación tomada estrictamente hay que añadir a quién pertenece y cuándo" (SuB, 30)

Al contrario de las representaciones, los sentidos$_F$ son objetivos y existen independientemente de lo que alguien piensa o comprenda. Poseen la misma independencia que las leyes naturales respecto de los sujetos pensantes. Hablamos por ejemplo del teorema de Pitágoras o de la ecuación de energía y masa, puesto que todos aquellos que piensan estos pensamientos tienen cada vez ante sí las mismas leyes geométrica o física, respectivamente. De hecho para Frege estas leyes no son otra cosa que los sentidos$_F$ de oraciones bien determinadas: el teorema de la geometría "para la hipotenusa c y los catetos a y b de un triángulo rectángulo vale lo siguiente: "$a^2 + b^2 = c^2$" y el teorema de la física "$E = m.c^2$". Quien comprenda estas oraciones, capta su sentido$_F$ y piensa el pensamiento expresado por ellas. Sin embargo, si el sentido$_F$ de una oración (el pensamiento) posee la misma independencia y objetividad que las leyes naturales (y algunos de estos sentidos$_F$ son leyes naturales), lo mismo vale para sus posibles componentes. En general los sentidos$_F$ son objetivos e independientes de que un ser pensante los capte o no.

§ 7 LA RELACIÓN ENTRE SENTIDO$_F$ Y SIGNIFICADO$_F$

En el cuarto capítulo vimos que para identificar objetos de cualquier clase necesitamos de un criterio para su diferenciación y su reconocimiento. Si un nombre propio debe señalar de modo claro un objeto, junto a él debe haber un criterio de identidad que permita decidir fundamentalmente si a = b. Quien entienda un nombre propio, esto es, capta completamente su sentido$_F$, conoce este criterio. Pero este solo conocimiento no es suficiente. Quien sabe que para el sentido$_F$ de "a" el criterio de identidad es el de los cometas, sabe que "a" significa$_F$ un cometa. Sin embargo él no sabe aún de cuál cometa se trata, esto es, cuál cometa es el significado$_F$ de "a". Debería saber para esto cómo se identifica el objeto: si "a" significa$_F$, por ejemplo, aquel cometa cuya órbita en 1705 fue calculada por Edmund Halley, o aquel otro que en 1910 aterrorizó con la idea del fin del mundo. El significado$_F$ de "a" identificado de este modo en ambos casos, es el mismo. Sin embargo, si la condición identificadora varía, también el sentido$_F$ especificado de "a" es cada vez otro. En general vale que, con un nombre propio "a" (más allá de un criterio de identificación para el tipo de objeto al cual pertenece el significado$_F$ de a), tiene que haber ligada una condición identificadora que también pertenece al sentido$_F$ de "a". Frege expresa esto, es decir, que en el sentido$_F$ de un nombre propio "está contenido el modo en que [el significado$_F$] está dado". (SuB, 26)[50] A causa de esta condición identificadora, el sentido$_F$ determina el significado$_F$: el sentido$_F$ de un nombre propio determina un objeto, el sentido$_F$ de una expresión funcional una función y el sentido$_F$ de una oración un valor veritativo. A la inversa, el significado$_F$ correspondiente nos es "dado" mediante el sentido$_F$ de la expresión respectiva. Cada sentido$_F$ determina precisamente un significado$_F$, mientras que un mismo significado$_F$ podría corresponder a muchos sentidos$_F$. Sentidos$_F$ diferentes con equivalente significado$_F$, son como flechas que apuntan al mismo significado$_F$. Podríamos completar la exposición correspondiente al capítulo quinto del siguiente modo:

oraciones aseverativas	Nombre propio	Término conceptual
↓ (*Expresan*)	↓ (*Expresa*)	↓ (*Expresa*)
sentido$_F$	sentido$_F$	sentido$_F$
↓ (*Determinan*)	↓ (*Determina*)	↓ (*Determina*)
significado$_F$:	significado$_F$:	significado$_F$:
valor veritativo	objeto	Concepto

Tres cosas específicas merecen destacarse en esta relación:
1. Quien capta dos sentidos$_F$ que determinan el mismo significado$_F$, no sabe necesariamente que se trata del mismo. Podría mantenerse oculto para siempre que aquel cuerpo celeste que él identifica por las tardes como el significado$_F$ de la expresión "la estrella vespertina", es el mismo que cada mañana reconoce como "la estrella matutina". Puesto que la condición identificadora –el "modo en que está dado"- es diferente en cada caso, también es diferente el sentido$_F$ del nombre propio correspondiente. En tal sentido, la identidad de significados$_F$ no es evidente, especialmente en las oraciones. También su sentido$_F$ es una condición identificadora de su significado$_F$, es decir, de uno de los dos valores veritativos. Sin embargo quien ha captado dos pensamientos verdaderos, no significa que sepa que poseen el mismo valor

veritativo; y si se sabe que uno de ellos es verdadero, con ello no conoce todavía el del otro. 2. Puesto que cada sentido$_F$ determina exactamente un significado$_F$, de la diferencia de significados$_F$ de dos expresiones se sigue la diferencia de sus sentidos$_F$. 3. Con el rol de identificación de significados$_F$ que posee el sentido$_F$, es admisible conciliar que tal vez no haya nada que llene esta condición. La expresión no posee entonces ningún significado$_F$ y su sentido$_F$ apunta al vacío. Ejemplos serían las ya mencionadas expresiones "Vulcano" como nombre propio de un planeta que circula dentro de la órbita de Mercurio y "el actual rey de Francia" expresado en el siglo XX. A primera vista, el discurso de Frege sobre el "modo en que está dado" un significado$_F$ parece contradecirse, pues ¿cómo debería estar dado para mi algo que no existe en absoluto? Frege piensa aquí, sin embargo, en el caso normal en el cual empleamos nuestras palabras con el propósito de hablar de sus significados$_F$. La existencia de expresiones vacías es un defecto pues ellas hacen fracasar este intento. En un lenguaje científicamente impecable, los sentidos$_F$ son siempre modos en que están dados significados$_F$ existentes.

§ 8 Los sentidos$_F$ como premisas y conclusiones de argumentos

Una razón general por la cual la lógica, a los ojos de Frege, no puede renunciar a conceptos epistémicos como el de sentido$_F$, reside en que su status es el de ciencia independiente. Como ya hemos visto, en lógica -para Frege- no se trata sólo de la provisión de una técnica para diferenciar argumentos válidos de los inválidos, sino también del reconocimiento de verdades. Como todas las ciencias, ella sirve primordialmente para la adquisición de conocimiento: mediante el modo lógico de obtener conclusiones podemos fundamentar verdades conocidas y también alcanzar nuevos conocimientos. Pero los conocimientos son verdades reconocidas y las verdades son pensamientos verdaderos, esto es, sentido$_F$ de oraciones. El obtener conclusiones para Frege es un acto intelectual por el cual pasamos de uno o varios pensamientos ya reconocidos como verdaderos (la o las premisas) a otro pensamiento verdadero (la conclusión). Premisa(s) y conclusión de un argumento son siempre para Frege, en tanto reconocidas como verdaderas, pensamientos verdaderos.

Por consiguiente, los pensamientos falsos, dudosos o carentes de valor veritativo son eliminados como posibles premisas. A partir de ellos, según Frege, no se puede concluir nada. Pero ¿no podemos hacer como si fueran verdaderos? ¿No tendríamos derecho a suponer como verdadero un pensamiento falso, dudoso o incluso carente de valor de verdad y convertir así esta suposición en premisa para obtener conclusiones? ¿Acaso no resulta de la (falsa) suposición de que Venus es más grande que la tierra, la conclusión de que la tierra es más pequeña que Venus? Para ser exactos, según Frege, sólo deberíamos decir: Esto seguiría si la premisa fuera verdadera.De este modo, un argumento sería válido sólo cuando de la verdad efectiva de la(s) premisa(s) es descartada la falsedad de la conclusión. (Cf. Cap 5, §1) La mera suposición de que la premisa es verdadera no es suficiente pues las leyes lógicas son leyes de la verdad. Quien simplemente hace como si fuera verdadero, también precisamente por eso hace sólo como si concluyera: obtener conclusiones a partir de supuestos es, en el mejor de los casos, obtener conclusiones hipotéticas pero no reales. Quien piensa que a partir de supuestos podría concluir algo, según la especulación de Frege, confunde razonamientos con juicios hipotéticos. Indudablemente, si Venus es más grande que la Tierra, entonces la tierra es más pequeña que Venus. La verdad de este juicio es efectivamente independiente de la verdad o falsedad de sus premisas, derivar algo a partir de juicios hipotéticos no es obtener conclusiones. Otra consecuencia de las ideas de Frege es que obtener conclusiones a partir de pensamientos reconocidos como verdaderos no depende sólo de nosotros -si es que realmente estamos obteniendo conclusiones. Si más tarde se mostrara que hemos errado con respecto a la verdad de una premisa, nuestra conclusión sería considerada como una conclusión ilusoria. Pero esto no es tan extraño como parece, quizás, a primera vista. Si reconocemos que algo es verdadero, no depende finalmente sólo de nosotros sino, entre otras cosas, de si se comporta como nosotros creemos. Para Frege el obtener conclusiones es una forma especial de reconocimiento: un reconocer apelando justificadamente a otras verdades.

8. SER-VERDADERO Y RECONOCER-COMO-VERDADERO

§ 1 La verdad es absoluta

Según Frege nos encontramos frente a un mundo existente que en su mayor parte es independiente de nosotros y es el que determina el valor veritativo de un pensamiento. La verdad o falsedad de un pensamiento es independiente de que lo tenga por verdadero el sujeto pensante: "ser verdadero es algo distinto de ser tenido por verdadero, ya sea por parte de un individuo o de muchos o de todos, y lo primero no puede reducirse a lo segundo en ningún caso. No hay contradicción en que sea verdadero algo que todos tienen por falso. [...] Si es verdad que yo escribo esto en mi habitación el 13 de julio de 1893, mientras afuera brama el viento, seguirá siendo verdad aún cuando todos los hombres lo consideren luego falso". (Gg I, xv s.) La verdad es impersonal: "¡Hay peor manera de falsear el sentido de la palabra "verdadero" que cuando en él se pretende incluir una relación con el emisor del juicio!". (Gg I, xvi) La palabra "verdadero" no significa para Frege sólo "verdadero para NN". Con oraciones de la forma: "Para NN es verdadero que a es F" expresamos en el mejor de los casos que NN tiene por verdadero que a es F. La verdad tampoco es relativa a un lugar o un tiempo. Que un pensamiento sea verdadero no significa que lo sea en un momento t o en un lugar x. Más bien, todas las determinaciones espaciales y temporales son partes del pensamiento del cual es expresada la verdad. "Que a es F es verdadero aquí y ahora" expresa como mucho "que a aquí y ahora sea F, es (absolutamente) verdadero!". "Todas las determinaciones de lugar, tiempo, etc., pertenecen al pensamiento de cuya verdad se trata; el ser verdadero en sí mismo es no espacial y atemporal". (Gg I, xvii) En general vale para Frege que todos los parámetros que parecen relativizar una atribución de verdad no son otra cosa que determinaciones adicionales del pensamiento de cuya verdad se trata. Y en este sentido, para Frege, la verdad es absoluta.

§ 2 LA OMNIPRESENCIA DEL SENTIDO$_F$ DE "VERDADERO"

Pensamientos son aquellos que en un juicio son reconocidos como verdaderos o rechazados como falsos. Una oración es verdadera o falsa sólo en un sentido derivado, esto es, en la medida en que exprese un pensamiento verdadero o falso. El acto de juzgar consiste en un *acto de reconocer como verdadero* o (que para Frege es lo mismo) en un acto de reconocimiento de que algo es verdadero: reconocer como verdadero que p, *es* reconocer que es verdad que p. Tenemos aquí distintas descripciones del mismo acto. En el lado izquierdo de esta ecuación el término "verdadero" pertenece a la descripción del acto de juzgar, mientras que en el derecho está calificando al *contenido* enjuiciable (el pensamiento reconocido como verdadero). Sin embargo, si estos actos son idénticos, del mismo modo deben serlo cada vez los pensamientos enjuiciados. Frege defendió esta tesis (Id) durante toda su vida:

El pensamiento de que p = el pensamiento de que es verdad que p.

Sobre la base de (Id), una oración en la cual no aparezca la expresión "verdadero" puede ser reemplazada por otra oración que sí la contenga y sin modificación del sentido$_F$. En un primer momento parece ser un síntoma de la carencia de sentido$_F$ de "verdadero". Sin embargo, sabemos por el principio de composicionalidad de sentido$_F$ que si una oración contiene una designación carente de sentido$_F$, ella misma carece de sentido$_F$. (Cf. Cap. 7, §4) Del hecho de que el agregado de "verdadero" no cambia el pensamiento expresado, deberíamos concluir que el sentido de esta palabra es tal que no agrega nada al pensamiento expresado: "La palabra verdadero tiene un sentido tal que no aporta nada al sentido de toda la oración en la que aparece". (NS, 146) El término "verdadero" no carece de sentido$_F$ sino que está vacío de sentido$_F$. Quien piensa el pensamiento de que p, no puede evitar el pensamiento de que es verdadero que p, pues, se trata del mismo pensamiento con otro ropaje lingüístico.

¿No es esto absurdo? No deberíamos reconocer como verdadero cada pensamiento que captamos! Cierto, pero esto no es lo que dice (Id). Podemos pensar muy bien todos los pensamientos no evidentes sin reconocerlos como verdaderos y esto vale naturalmente también para el pensamiento de que es verdad que p. Pensar que algo es verdadero no es necesariamente juzgar -como remarca Frege. Con ello queda igualmente en claro que debemos distinguir entre la relación de un pensamiento con el sentido de "verdadero" y la conexión entre un pensamiento y su valor veritativo. Puesto que los pensamientos son en sí mismos sentidos$_F$, la primera es una relación entre dos sentidos$_F$ y la segunda es la relación de un pensamiento y su significado$_F$. La verdad de un pensamiento no es una parte constitutiva de él, sino su referencia a lo verdadero. Sin embargo (Id) implica que cada pensamiento tiene como componente el sentido de "verdadero", indiferentemente de si es verdadero, falso o carente de valor veritativo. El sentido de verdadero siempre se co-piensa si es que se piensa, esto es, si se capta un pensamiento. De manera semejante ocurre en la expresión lingüística de pensamientos. El predicado de verdad "se distingue de todos los otros predicados por el hecho de que siempre que expresamos algo esta ya presente en la expresión". (NS, 140) El sentido de "verdadero" es omnipresente.

§ 3 LA OBJECIÓN DE FREGE CONTRA LA CIRCULARIDAD DE TODO INTENTO LA DEFINIR LO "VERDADERO"

A causa de esta omnipresencia el sentido$_F$ de los predicados veritativos no es definible. Definir es para Frege (en el sentido destacado aquí), una actividad mental compleja cuyo resultado es un juicio. Es un modo especial de pensar y pensar es captación de pensamientos. Pero si es imposible captar un pensamiento sin pensar que él es verdadero, entonces ya está presupuesto, para cada definición, la captación del sentido$_F$ de "verdadero". Por eso sería "vano hacer más claro mediante una definición qué entendemos por *verdadero*" (NS, 139), pero también superfluo puesto que cada pensante en cuanto tal ha captado ya el sentido de esta expresión.[51]

Examinemos este argumento de más cerca. ¿Qué entiende Frege aquí por "definición"? Él distingue entre definiciones "por composición" y por "descomposición". (Cf. NS, 227) Mediante la definición por composición se otorga sentido$_F$ a un signo "Φ" que hasta ahora no lo tenía. Establecemos, por ejemplo, que Φ debe tener el mismo sentido$_F$ que el predicado "( ) es menor que 2 pero mayor que 0". En lo sucesivo podremos utilizar el signo introducido de este modo y afirmar, por ejemplo, que el número 1 es Φ. Sobre una definición por composición no se puede discutir racionalmente pues ella sólo es una explicación voluntaria respecto del sentido$_F$ que debe tener un signo hasta ahora carente de sentido$_F$. Puede ser más o menos adecuada pero no puede ser ni verdadera ni falsa. Algo diferente sucede con las definiciones por descomposición cuyo objetivo no es la fijación de un sentido$_F$ sino el intento de clarificar el sentido$_F$ de un signo utilizado ya desde hace mucho tiempo. El resultado de un análisis de este tipo es formulado bajo la forma de una afirmación que expresa indirectamente una identidad de sentido$_F$. Por ejemplo: ¿Qué se entiende en castellano cuando decimos "miza"? Respuesta: miza es (lo mismo que) un gato hembra[52]. Ejemplos complejos muestran que aquí se pueden alcanzar opiniones diferentes: ¿Las mentiras son acaso, como piensa Frege, afirmaciones que tienen por falsas quienes las expresan? ¿O podemos decir con Agustín (354-430) que a las mentiras les pertenece necesariamente la intención de engañar? Estas dudas son para Frege un signo inequívoco de que no hemos comprendido claramente el sentido$_F$ de al menos una de las dos expresiones utilizadas, o que no le hemos asociado ningún sentido$_F$ esbozado nítidamente. Porque quien ha llevado ante sus ojos con toda claridad el sentido$_F$ correspondiente de dos expresiones, sabe al mismo tiempo si poseen el mismo sentido$_F$. (Cf. NS, 228)

De estas dos clases de definir, para Frege, las definiciones por composición son las definiciones propiamente dichas, es decir, aquellas en las que es fijado el sentido$_F$ de una nueva expresión. En cambio, para los resultados de definiciones por descomposición (cuando son logrados), se trata de una clase especial de afirmación que podría comportarse como axioma en un sistema formal. (Cf. NS, 227) En lugar de "descomposición de sentido$_F$" la mayoría de los filósofos hablan en nuestros días de "análisis conceptual". Lo mismo para expresiones que hayamos entendido en su totalidad, su sentido$_F$ se nos presenta raras veces con todas sus componentes. Una descomposición sirve ante todo para tener presente lo más claro posible esas componentes para si misma y para otros. Sin embargo este modo de explicación del sentido$_F$ no puede continuar indefinidamente. En un momento u otro daremos con sentidos$_F$ simples para los cuales no es posible otra descomposición, ya que no poseen más componentes de sentido$_F$ a las que pudieran ser reducidos. Estos sentidos$_F$ simples no pueden ser aclarados mediante una definición por descomposición sino sólo "explicados". Las explicaciones pertenecen a la propedéutica de la ciencia y contienen consejos y advertencias para la prevención de confusiones a propósito de otros sentidos$_F$ (Cf. NS, 224) Aquí tan sólo se puede aclarar lo más posible qué sentido$_F$ (ya captado) es expresado con cuál signo. En este sentido, para Frege, los sentidos$_F$ de las expresiones "objeto", "función", "concepto", "identidad" y "verdad" son elementales e indefinibles.

Una explicación por descomposición alcanzaría su objetivo si ella misma no tuviera que presuponer lo quiere aclarar. En caso contrario sería circular. Quien por ejemplo no conozca el sentido$_F$ del predicado de identidad "( ) = [ ]", no tendría mayor conocimiento con una información del tipo "identidad es lo mismo que ...". Puesto que todas las definiciones por descomposición acaban en identidades, esto prueba para Frege la indefinibilidad de estos predicados[53]. Lo mismo vale para "verdadero". A causa de (Id), pensar una explicación del tipo "ser verdadero es lo mismo que ser FGH" consiste en aprehender el pensamiento según el cual es verdad que ser verdadero es lo mismo que ser FGH. Si quisiéramos falsificarlo deberíamos buscar una verdad en la cual esté ausente al menos una de las características F, G o H. Pero decidir si un objeto posee una propiedad F, es decidir si es verdadero el pensamiento de que él es F. Por ello, no podemos "reconocer en una cosa una propiedad [ ] sin encontrar verdadero al mismo tiempo el pensamiento de que esta cosa tiene esa propiedad. Así con cada propiedad de una cosa esta ligada una propiedad de un pensamiento, es decir la propiedad de la verdad". (Ged, 61) Si lo esencial en las definiciones por descomposición es, en general, exponer características y éstas no son otra cosa que propiedades, toda descomposición del sentido$_F$ de "verdadero" es circular: "Así fracasa […] todo […] intento de definir la verdad. Pues en una definición se indicarían ciertas características. Y en la aplicación a un caso particular siempre importaría si es verdadero que estas características correspondan. Así uno se mueve en círculos. De este modo es probable que el contenido de la palabra verdadero sea totalmente peculiar e indefinible". (Ged, 60)

§ 4 ¿Es la verdad una propiedad?

Los pensamientos son para Frege los que propia y definitivamente portan los valores veritativos. ¿Significa esto que la verdad y la falsedad son interpretadas como *propiedades* de pensamientos? En un primer momento la respuesta es claramente afirmativa. En reiteradas ocasiones Frege nos dice que la verdad es una propiedad del pensamiento. No obstante se quiere ser ante todo escéptico por tres razones: Primeramente, el término "propiedad" no pertenece al vocabulario técnico de Frege. El mundo está compuesto de objetos y funciones, y los conceptos son una clase especial de funciones. En verdad Frege considera a los conceptos bajo los cuales cae un objeto, como sus propiedades. Pero su comprensión de "concepto" no coincide igualmente con nuestra comprensión habitual de "propiedad". (Cf. Cap. 5, §3) Frege designa la verdad como una propiedad pues ella "lingüísticamente" (y esto significa para él: en el lenguaje natural) es representada mediante un adjetivo: "La palabra *verdadero* aparece lingüísticamente como un adjetivo". (Ged, 59) La aparente clasificación de la verdad dentro del lenguaje natural como una propiedad, está sujeta, sin embargo, a la siguiente reserva expresa: "¿Tendríamos aquí que ocuparnos con algo que en el sentido por lo demás habitual no puede ser llamado propiedad? A pesar de esta duda por de pronto me expresaré al uso de la lengua como si la verdad fuese una propiedad hasta que se encuentre algo más apropiado". (Ged, 61s) No obstante si un pensamiento cayó bajo el concepto de verdad, entonces la verdad sería una de sus propiedades. Pero (y aquí tenemos un segundo motivo para el escepticismo), esta formulación no aparece en Frege. En ninguna parte la verdad es señalada expresamente como concepto (en el sentido técnico que Frege le da al término). Por el contrario, la verdad de un pensamiento es un objeto ("lo verdadero") y justamente por ello no es un concepto (a causa del principio de la distinción categorial entre funciones y objetos -Cf. Cap. 4, §2; Cap. 5, §6). La verdad de un pensamiento no consiste en que caiga bajo el concepto de verdad sino en que signifique$_F$ lo verdadero. Un tercer motivo para dudar del carácter de propiedad de la verdad, es –para Frege- la vacuidad de sentido$_F$ de "verdadero", resultante directa de (Id). Ella muestra, desde su perspectiva, que la verdad es una propiedad muy curiosa. Si en "el pensamiento que p es verdadero" el predicado veritativo no agrega nada al pensamiento expresado, entonces el sentido$_F$ de esta oración debe estar completamente dado sólo con la expresión del sujeto "el pensamiento que p". Y este es efectivamente el caso, pues para entender esta oración debe ser aprehendido el pensamiento de que p y, a causa de (Id), está dado ya el sentido$_F$ total de la oración (es decir, de que es verdadero que p). Sin embargo la expresión de sujeto "el pensamiento que p" parece tomar además, en oraciones de esta forma, el rol de nombre propio de este pensamiento. En un primer momento el pensamiento que p, no sólo es expresado sino también significado$_F$ mediante la expresión de sujeto. La pregunta que cabe formularse, entonces, es si oraciones de la forma "el pensamiento que p es verdadero" expresan realmente una relación de subsunción entre un pensamiento y el concepto de verdad, aquella que es sugerida por su forma externa. ¿Poseen la forma Fa, donde a designa un pensamiento? Frege afirma que no. Aquí, una vez más, el lenguaje natural nos engaña: "Cuando decimos: el pensamiento es verdadero nos parece que atribuimos verdad al pensamiento como si fuera una propiedad. Tendríamos así un caso de subsunción. El pensamiento sería subsumido como objeto al concepto de lo verdadero. Sin embargo el lenguaje nos engaña aquí. No tenemos la relación de un objeto con una propiedad, sino del sentido de un signo con su significado". (NS, 211) Ni la expresión de sujeto "el pensamiento que p" es aquí un nombre propio ni la expresión predicativa "es verdadero" un término conceptual. Más bien es expresada una relación semántica, o sea, la de un sentido$_F$ con su significado$_F$: el pensamiento que p significa$_F$ lo verdadero. En la siguiente cita aparecen las tres razones recién enunciadas:

"Pero aquí aparece una inexactitud evidente. Cuando digo "el pensamiento de que (16 - 2) es múltiplo de 7, es verdadero", interpreto *verdadero* como una propiedad del pensamiento, mientras que habíamos procurado que el pensamiento es el sentido y lo verdadero el significado de la oración. Por supuesto, la interpretación de la verdad como propiedad de oraciones o pensamientos, se corresponde con las expresiones lingüísticas. Cuando decimos "la oración 3>2 es verdadera", estamos expresando algo de la oración según su forma, a saber, que ella posee cierta propiedad que estamos designando con la palabra "verdadero". Y cuando decimos "el pensamiento que 3>2 es verdadero", lo correspondiente vale para el pensamiento. Pero el predicado "verdadero" es ciertamente muy diferente de los otros predicados como por ejemplo verde, salado, racional; así pues lo que queremos decir con "el pensamiento que 3>2 es verdadero" podría ser dicho de modo más sencillo con la oración "3 es mayor que 2". Entonces no necesitamos para nada la palabra verdadero. Y reconocemos que nada es agregado al sentido mediante este predicado". (NS, 251)

Un cuarto motivo que Frege de hecho no menciona, resulta de su principio de composicionalidad del significado$_F$; Si el significado$_F$ de una oración sólo es determinado mediante el significado$_F$ de las designaciones presentes en él y del modo en que están combinadas, entonces la vacuidad de significado$_F$ de una de las componentes de la oración trae como consecuencia que la oración no posea valor veritativo. Esto implica, en relación a (Id), que con oraciones de la forma "que p es verdadero" no es dicho que el pensamiento supuestamente designado por "que p", posea la propiedad de ser verdadero. En caso contrario obtendríamos una contradicción: supongamos que "que p es verdadero" expresara una relación de subsunción entre un pensamiento designado mediante "que p" y una de sus propiedades; y además, que el pensamiento designado mediante la expresión de sujeto "que p" no posea valor veritativo. De aquí se sigue la falsedad de (Id): pues el pensamiento expresado con la oración "que p es verdadero" sería falso bajo estas condiciones mientras que "p" no es ni verdadero ni falso. Entonces estas oraciones no expresan el mismo pensamiento. Quizás Frege consideró esta interpretación como comprobación adicional de que con la expresión de sujeto "que p", el pensamiento que p nada designa sino que sólo es expresado con ella. Si "p" no es ni verdadero ni falso, lo mismo vale para "que p es verdadero". Si un pensamiento no designa nada, entonces tampoco puede afirmarse de él ninguna propiedad. Frege sugiere, en su lugar, que la expresión de sujeto "que p" tome el lugar de *un valor veritativo* y "es verdadero" sea interpretado en este contexto como un predicado que afirme tanto como que "es idéntico con lo verdadero". Oraciones de la forma "que p es verdadero" afirmarían entonces una identidad entre valores veritativos. Podríamos, pues, leerlo así: "El valor veritativo del pensamiento que p es idéntico con lo verdadero".

Estos son, pues, los argumentos que Frege presenta en contra del carácter de propiedad de la verdad. Sin embargo su alcance parece limitado: en el mejor de los casos muestran que con oraciones del tipo "que p es verdadero" no es expresada ninguna relación de subsunción y que "verdadero" no posee en ellos el rol de un adjetivo. ¿Pero qué sucede con las atribuciones de verdad como "el último pensamiento de Frege fue verdadero"? Aquí puede difícilmente ser puesto en duda que la expresión de sujeto "el último pensamiento de Frege" es un nombre propio legítimo de un pensamiento. Además, el predicado "es verdadero" no se encuentra vacío de sentido$_F$ en esta oración sino que, por el contrario, se trata de una contribución sustancial al pensamiento expresado.

Mucho se ha dicho al respecto de que Frege no alcanza nunca una claridad total en este punto. Su interpretación permanece oscura, ante todo, por dos razones. Por un lado nos ofrece dos modos de leer las oraciones del tipo "El pensamiento que p es verdadero", pero deja en la oscuridad la relación que existe entre ellas: 1. "El pensamiento que p significa$_F$ lo verdadero; 2. "El valor veritativo del pensamiento que p, es idéntico con lo verdadero". Por otro lado su argumento se concentra exclusivamente en oraciones de la forma "que p es verdadero". Puesto que las reflexiones de Frege ante todo se apoyan directa e indirectamente en (Id), una crítica o corrección a sus interpretaciones podría proponerse a partir de esta tesis (relacionada con un análisis del concepto de juicio del cual ella se desprende)[54].

§ 5 Juzgar es reconocer un pensamiento como verdadero

La tesis de que juzgar consiste en el reconocimiento de un pensamiento como verdadero, es presentada por Frege como resultado de un análisis del sentido$_F$ habitual de "juicio". (Vern, 63ss) "NN juzga que p" posee -según Frege- el mismo sentido$_F$ que "NN reconoce como verdadero que p". Este análisis requiere de especial atención pues se trata de la explicación estándar que Frege da de "juicio". El momento constitutivo de un juicio consiste, por consiguiente, en un reconocer como verdadero. El objeto de reconocimiento, al cual hace referencia, es un pensamiento.

¿Pero hasta qué punto se puede decir de un pensamiento que él es reconocido? Sin más explicación la exigencia de reconocimiento de un objeto (o de un dominio de objetos) es equivalente a la exigencia del reconocimiento de su existencia. Frege también utiliza el verbo "reconocer" mayormente en este sentido. Cuando Frege discute el "reconocimiento" de clases o el "reconocimiento" de un reino de objetos, se trata del sentido ontológico de "reconocimiento" y por eso, de algo "reconocido como siendo". (Vern, 57) Sin embargo este no es el sentido que Frege imagina en conexión con su interpretación del juicio. Él remarca que los pensamientos no son reconocidos en un juicio de modo simple sino que son reconocidos *como verdaderos*. Aquello que es reconocido en un juicio es una aspiración, la aspiración respectiva de un pensamiento a la verdad. Podríamos reformular la pregunta planteada más arriba del siguiente modo: ¿cómo debemos entender que un pensamiento instaure una aspiración a la verdad que sea reconocida en el juicio?

Como ya vimos en §1, el sentido de "verdadero" es omnipresente. Si es componente de todo pensamiento, el pensamiento instaura en cierto modo desde sí mismo una pretensión de verdad que tan sólo es reconocida por los que juzgan. Es igual si se trata de un juicio aprehendido como verdadero, falso o, ni verdadero ni falso. En cada caso él se presenta como verdadero al que lo piensa: pensar que p, *es* pensar que es verdad que p. En ello se diferencian los pensamientos de todos los restantes sentidos$_F$. Este *presentarse como verdadero* del pensamiento puede ser interpretado como su aspiración a ser verdadero. Quien juzga que p, tan sólo confirma lo que el pensamiento expresa: que es verdad que p. Él reconoce sólo una aspiración, aquella que el pensamiento transmite por si mismo al que lo piensa.

§ 6 Pensar en ausencia de juicio

Podemos aprehender pensamientos sin juzgarlos. Dicho de otro modo: Hay actos del "mero" pensar en los cuales un pensamiento es pensado en ausencia de juicio. El aspecto lingüístico de esta tesis reza así: "es distinto sólo expresar un pensamiento y afirmarlo al mismo tiempo". (WB, 33) Frege ilustra y justifica su tesis en referencia a tres situaciones y observaciones muy heterogéneas. Al primer grupo pertenece el uso del lenguaje "ficticio", por ejemplo un actor en el escenario. El comediante exterioriza oraciones aseverativas y expresa pensamientos, pero él no está aseverando sino que sólo interpreta el afirmar. De una clase muy diferente es la referencia de Frege a la existencia de ciertos actos del lenguaje. Estos actos pertenecen a un segundo grupo y es esencial para ellos ser neutral en relación al valor veritativo del pensamiento expresado: del mismo modo quien plantea una oración interrogativa o formula una suposición, expresa un pensamiento sin calificarlo de verdadero. Para un lógico como Frege, hay un tercer grupo especialmente importante: aquellos casos en los cuales, los pensamientos que no son reconocidos como verdaderos se presentan como pensamientos parciales de pensamientos articulados que son reconocidos como verdaderos. Ejemplos claros son los juicios condicionales o disyuntivos y su presentación lingüística. En afirmaciones simples de la forma "Si p entonces q" y "p o q", no es afirmado ni p ni q. Es calificado en cada caso como verdadero sólo el pensamiento principal complejo: que (Si p entonces q) y (p o q), respectivamente. "En ambos casos poseemos solo un acto simple de juzgar, pero tres pensamientos". (Ged, 56) Pero no sólo los juicios condicionales y los disyuntivos sino que todos los juicios mentales complejos, es decir, juicios que contienen más de un pensamiento, según Frege, deben ser interpretados (con finalidades lógicas) como composición de meros pensamientos para los cuales es reconocido como verdadero sólo el pensamiento principal.

Todos los ejemplos dados por Frege sirven de ilustración y justificación de su tesis, esto es, de que podemos pensar y expresar un pensamiento sin reconocerlo como verdadero. Un solo ejemplo hubiese sido prueba suficiente. Pero, en todo caso, para entender qué es el acto de mera aprehensión de pensamientos no debemos contentarnos con ejemplos tomados de uno de los tres grupos ya mencionados. Aprehender y expresar meramente un pensamiento *no quiere decir* formular una suposición o que se trata de una oración interrogativa. Tampoco es la contrapartida intelectual de la aserción de un actor en el teatro o la formulación del antecedente de un condicional. Todas estas actividades sumamente distintas tienen en común que encierran un mero acto de aprehensión de pensamiento. En caso contrario serían diferentes. Lo mismo vale para los ejemplos que da Frege del campo de la ficción. Al poeta le es indiferente si sus oraciones poseen valor veritativo. La correcta aprehensión del sentido$_F$ de una oración en una obra de ficción plantea otras exigencias muy distintas a la comprensión del antecedente de un condicional en un ensayo científico. La interpretación correcta de estos dos tipos de oraciones supone ciertamente que los pensamientos correspondientes sean entendidos como puramente expresados (pero no calificados de verdaderos). La confrontación que realiza Frege entre "ficción" y "verdad" (o "ciencia") se basa en los distintos enfoques que acompañan a los actos de pensar y manifestaciones características de estos dos dominios. El poeta se abstiene de juzgar, pero la ausencia de juicio es sólo una de las características necesarias para la escenificación poética. Quien reconoce como verdadero un condicional (simple) de la forma "si p entonces q", piensa tres pensamientos de los cuales dos son meramente pensados. Sin embargo, Frege no quiere decir con esto que, al juzgar tales condicionales lleguemos dos veces a ser poetas.

§ 7 Pensar y juzgar el mismo pensamiento

"El pensamiento permanece esencialmente el mismo, tanto si meramente lo expresamos como si lo calificamos de verdadero". (NS, 192) Con formas de concluir tales como la regla de separación ("p→q; p; entonces q), la cual contiene al menos una oración articulada como premisa, se presentan dilemas como el siguiente: ¿quiere decir realmente lo mismo la oración "q" incluida en la premisa condicional "p→q", que el "q" que aparece en la conclusión, como es sugerido por el uso de la misma letra? En caso afirmativo, la conclusión expresa algo que de todas maneras ya estaba dicho en la premisa. En caso contrario la regla de separación es inútil. En el primer caso la conclusión es sólo un eco de una de las partes de la premisa condicional, una pura recapitulación de algo ya dicho allí. Nada nuevo podría realmente aprehenderse mediante este modo de obtener conclusiones. Pero Frege, durante el curso de su vida, insistió con razón en que mediante la obtención de conclusiones podían alcanzarse nuevos conocimientos. Apenas puede negarse que la conclusión de una complicada prueba matemática pueda ampliar nuestros conocimientos. ¿Posee acaso la conclusión otro contenido que el consecuente de la premisa condicional? No. De otro modo sería inválido pues ni bien distingamos la presunta diferencia de contenidos mediante las respectivas letras, tendríamos un esquema inválido de obtener conclusiones "p→q; p; entonces r".

Este supuesto dilema tiene su origen en la ambigüedad de los términos "dicho", "contenido" o "composición". Podemos decir, junto a Frege, que no se sabe exactamente si un pensamiento debe ser pensado "con o sin el juicio de que es verdadero". (NS, 201) En esto consiste exactamente para él la diferencia entre el consecuente de la premisa condicional y la conclusión. Mientras que el consecuente expresa un mero pensamiento, el mismo pensamiento es reconocido como verdadero en la conclusión. El avance cognitivo respecto de las premisas consiste en que el mero contenido pensado previamente, justificadamente es reconocido ahora como verdadero. El paso de las premisas a la conclusión no consiste en la aprehensión de un nuevo pensamiento sino en el justificado cambio de su presentación epistémica. Obtener conclusiones es para Frege una forma especial del juzgar.

En general vale que juzgar un pensamiento meramente pensado lo deja intacto: "por nuestro juzgar no podemos cambiar nada en la constitución del pensamiento". (Ged, 59) Así, ni se agrega ni se quita algo al pensamiento. Una modificación de la relación entre sujeto y predicado no debe ser descripta como transformación del pensamiento. El que experimenta una transformación es el sujeto pensante. Puesto que el sentido$_F$ para Frege es el modo en que están dados los significados$_F$, el modo en que están dados los objetos y los conceptos de los que trata un pensamiento, tampoco son modificados cuando cambia su presentación epistémica. El modo en que pensamos en un objeto o en un concepto, o sea, cómo nos son dados, se mantiene igual tanto si meramente pensamos el pensamiento o si lo reconocemos como verdadero. En el plano lingüístico tenemos que para una afirmación, la "fuerza aseverativa" que es parte constitutiva de una expresión no efectúa ningún aporte al sentido$_F$ de la oración expresada. Mejor dicho, la determinación de las condiciones de verdad de una oración debe estar ya resuelta, antes de que podamos meramente expresarla o afirmarla.

§ 8 Pensar no es producir pensamientos

Frege critica a los filósofos "que querían explicar lo que es un juicio cayendo en la composición". (Ged, 63) Un juicio es un todo en cuyo contenido se diferencian partes de un pensamiento, pero la unidad de pensamiento juzgada no es alcanzada mediante el juzgar, ella ya estaba allí desde antes. "Con ello se liga otro error, a saber, la opinión de que quien juzga establece mediante su juicio la conexión, el orden de las partes, y así lleva a cabo el juicio. De esta manera captar el pensamiento y reconocer su verdad no se mantienen separados [...]. Que por medio de este juzgar el pensamiento, la conexión entre sus partes no se establece es evidente pues él ya existía antes". (Ged, 63s) La formación de un juicio se puede describir como juntura de palabras, pero por el contrario este modelo no debe ser aplicado al plano del pensamiento. Ni el mero pensar ni el juzgar son un "acto de formar" pensamientos. Mejor dicho, el que juzga toma posición frente a una unidad de pensamiento ya existente. Frege está convencido de que la doctrina tradicional del juicio pone la realidad de cabeza. Juzgar no es ligar un sujeto a un predicado sino un reconocer por verdadero; y no es el reconocer como verdadero (un pensamiento) el que constituye el momento de unión que genera la unidad de pensamiento, sino la no saturabilidad del sentido$_F$ del predicado.

La investigación de los actos de juzgar, según Frege, es una tarea que incumbe a la psicología. (NS, 273) En la mayor parte de los casos, se apresura en añadir, las indagaciones *puramente* psicológicas sobre el juzgar (como para todo pensar), permanecen en definitiva incompletas pues una explicación exhaustiva debería tomar en consideración algo que no pertenece al campo de objetos de la psicología: el pensamiento. Los pensamientos no son psíquicos y por eso mismo tampoco quedan abarcados en una investigación detallada de los sucesos anímicos. Pensar es "un proceso que tiene lugar en la frontera de lo anímico y que no podría ser entendido cabalmente desde un punto de vista puramente psicológico pues entra en consideración algo esencial en esto y que no es anímico en sentido propio: el pensamiento". (NS, 157) Los pensamientos son objetos intemporales y no sensoriales, cuya existencia es independiente de si son pensados o juzgados. Al pensar entramos en relación con un pensamiento. Esta relación con un objeto intemporal y no sensorial es la que expresamente Frege quiere conocer. Esto es lo que muestra su análisis de oraciones como "Copérnico pensaba que las órbitas de los planetas eran circulares". En esta oración "así como el nombre propio *Copérnico* designa un hombre, la oración subordinada *que las órbitas de los planetas eran circulares* designa un pensamiento y también es dicho que entre este hombre y este pensamiento existe una relación, a saber, que el hombre tiene por verdadero al pensamiento. Aquí, entonces, el hombre y el pensamiento, están, por así decirlo, en el mismo escenario". (WB, 246) Podríamos recapitular el análisis de Frege del siguiente modo: en una oración de la forma "A piensa que p" es constatada una relación entre dos objetos, el sujeto "A" y el pensamiento "que p". La formulación corriente "pensar un pensamiento", sugiere desde la perspectiva de Frege la ya mencionada confusión de que el pensamiento es un "producto" del pensar, esto es, de que puedo producirlo o generarlo mientras pienso. Él considera que la metáfora del agarrar alguna cosa exterior a la consciencia es mucho más pertinente y menos susceptible de hacernos equivocar. Por el pensar "aprehendemos" pensamientos al igual que con nuestras manos agarramos un objeto: "Al pensar no producimos ningún pensamiento sino que lo aprehendemos". (Ged, 50)

Todo pensar es un acontecimiento anímico, incluido el obtener lógicamente conclusiones. Para el paso de las premisas a la conclusión es "necesario un trozo de trabajo mental, aquel del concluir". (NS, 278) Junto a los actos de pensar se encuentran también como parte de nuestra corriente de conciencia las impresiones sensibles, los brotes de la imaginación, sensaciones, sentimientos, humor (estados de ánimo), inclinaciones y deseos. (Cf. NS, 278) Los actos del pensar tienen en común con las representaciones su naturaleza psíquica y que necesariamente requieren de un portador. Si con el atributo "subjetivo" no se quiere decir otra cosa que "psíquico", entonces para Frege los actos de pensar son tan e igualmente subjetivos como las representaciones. En ese sentido no se distinguen de las sensaciones, sentimientos o impresiones sensibles. Estas son como todas las componentes de la corriente o flujo de conciencia de un sujeto que piensa o que se representa alguna cosa. Es posible, según Frege, conciliar esto con el hecho de que los actos de pensar se diferencian de las representaciones en otros aspectos. Como ya vimos el pensar (y no el representar) consiste en la "aprehensión" de algo que no es componente del ánimo del sujeto pensante: "el pensamiento no es algo tan particularmente propio de quien piensa como la representación lo es de quien se representa sino que está el pensamiento frente a todos los que lo captan como idéntico". (NS, 145) La subjetividad del pensar se halla en clara oposición a la objetividad de lo pensado. Los actos del pensar son el contenido de una conciencia pero su propio contenido no es psíquico. Tanto el discurso sobre el "contenido" de una conciencia como el de los actos de pensar, son ambiguos y no debe ser entendido según el modelo de una muñeca rusa: que un acto de pensar es contenido de una conciencia no implica que el contenido del acto de pensar (el pensamiento pensado) sea también contenido de la conciencia. Los actos de pensar son contenidos de conciencia y, en este sentido, son componentes de la conciencia lo mismo que las representaciones. Pero los pensamientos son el contenido de los actos de pensar sólo en aquel sentido metafórico en el que también podrían ser llamados contenidos de oraciones aseverativas.

§ 9 CALIFICAR DE VERDADERO Y LA "FUERZA ASEVERATIVA"

Frege remarca una y otra vez que la presencia del término "verdadero" no es ni necesaria ni suficiente para calificar como verdadero al pensamiento expresado. No es suficiente pues "cuando un actor sobre el escenario dice *es verdad que tres es mayor que dos*, no está afirmando nada". (NS, 252); y tampoco es necesario "pues lo que decimos con la oración *el pensamiento de que 3>2* es verdadero, lo podríamos decir de modo más fácil con la oración *3 es mayor que 2*. No necesitamos aquí para nada el término *verdadero*.". (NS, 251) En un primer momento puede parecer entonces, según Frege, que al predicado "( ) es verdadero" le cabe -en castellano- la tarea de calificar algo como verdadero. Sin embargo esta impresión engaña pues una inspección más detenida muestra que no es el sentido$_F$ de "( ) es verdadero" el que opera aquí sino la presencia de la "fuerza aseverativa" con la cual es expresada una oración. El predicado de verdad sólo pretende desempeñar una función que no puede tener en un lenguaje donde él interviene también en oraciones no afirmadas. Siempre que una oración es calificada de verdadera, no sucede en virtud del sentido$_F$ de "verdadero", sino a causa de la fuerza aseverativa de la expresión.

Con su concepción de la "fuerza" de una declaración, Frege anticipa uno de los conceptos centrales de la teoría del acto lingüístico desarrollado más tarde sobre todo por John L. Austin (1911-1960)[55]. Una oración puede ser expresada con fuerza aseverativa pero también, por ejemplo, con fuerza interrogativa. Su sentido$_F$ es el mismo en ambos casos. Si alguien pregunta "¿Es Marte un planeta?" expresa, según Frege, el mismo pensamiento al de cualquiera que afirme "Marte es un planeta"[56]. La fuerza de una declaración es, al igual que su sentido$_F$, una componente fija de su significado (en el sentido corriente del término, no en el sentido fregeano). Es parte de aquello que un oyente debe aprehender si quiere entender completamente una expresión. Quien capta un pensamiento expresado pero no sabe si el emisor pregunta o afirma, no ha entendido totalmente la declaración. Junto a las declaraciones con fuerza aseverativa o interrogativa que un pensamiento expresa, Frege menciona aún la fuerza exhortativa y la definitoria. En oposición a aquellas, el sentido$_F$ de una declaración con fuerza exhortativa no puede ser llamado verdadero o falso. Él no sería un pensamiento. (SuB, 38) Aunque Frege no lo dice textualmente, lo mismo debe valer para definiciones "por composición" en las cuales es fijado el sentido$_F$ de un nuevo signo. Puesto que con ellas es fijado que un signo debe tener un determinado sentido$_F$, parecen ser similares a los actos imperativos.

CRONOLOGÍA

1848	8 de noviembre: nace Friedrich Ludwig Gottlob Frege en Wismar
1869-71	Estudios de matemática, física, química y filosofía en la Universidad de Jena
1871-73	Estudios de matemática, física y filosofía en la universidad de Göttingen. Promoción en matemática
1874	Habilitación en matemática en Jena
1879	Publicación de la *Conceptografía*; nombramiento como profesor extraordinario
1884	Publicación de *Los fundamentos de la aritmética*
1887	Casamiento con Margarete Lieseberg (1856–1904)
alrededor de 1889-90	Descubrimiento de la distinción entre sentido$_F$ y significado$_F$
1891-92	Publicación de los artículos *Función y concepto*, *Sobre sentido y significado* y *Sobre concepto y objeto*
1893	Publicación del primer tomo de *Las leyes fundamentales de la aritmética*.
1896	Nombramiento de profesor ordinario
1902	Russell informa por carta a Frege del hallazgo de una contradicción en el sistema de *Las leyes fundamentales* (la antinomia de Russell)
1903	Publicación del segundo tomo de *Las leyes fundamentales de la aritmética*.
1904	Muerte de Margarete Frege luego de una larga enfermedad.
1917-18	Frege recibe primero una licencia (1917) y finalmente es nombrado profesor emérito.
1918-23	Publicación de los artículos *El pensamiento*, *La negación* y *Articulación de pensamientos*
1925	En la noche del 25 al 26 de Julio muere Frege en Bad Kleinen y es sepultado en Wismar

Sobre el autor:
Markus S. Stepanians estudió filosofía, lingüística y literatura en la Universidad de Hamburgo y en la Universidad de Harvard. Es autor de *Frege und Husserl über Urteilen und Denken* (Mentis, 1998), *Rights as Relational Properties* (2005, sin publicar) y editor de la antología "Individuelle Rechte". (Mentis, 2007) Actualmente enseña filosofía en la Universidad RWTH Aachen en Alemania.

BIBLIOGRAFÍA

Signos utilizados en el texto

BS:	*Begriffsschrift (Conceptografía)*
BSPe:	*Über die Begriffsschrift des Herrn Peano und meine eigene (Sobre la conceptografía de Peano y la mía propia)*
BuG:	*Über Begriff und Gegenstand (Sobre concepto y objeto)*
FuB:	*Funktion und Begriff (Función y Concepto)*
Gdfg:	*Gedankengefüge (Articulación de pensamientos)*
Ged:	*Der Gedanke (El Pensamiento)*
Gg I, II:	*Grundgesetze der Arithmetik (Las leyes fundamentales de la aritmética, volumen I, II)*
Gla:	*Die Grundlagen der Arithmetik (Los fundamentos de la aritmética)*
KrBe:	*Kritische Beleuchtung einiger Punkte in E. Schröders Vorlesungen über die Algebra der Logik (Elucidación crítica de algunos puntos en las clases magistrales de E. Schröder sobre álgebra de la lógica)*
NS:	*Nachgelassene Schriften (Escritos póstumos)*
Rech:	*Rechnungsmethoden, die sich auf eine Erweiterung des Größenbegriffes gründen (Método de cálculo fundado en una ampliación del concepto de magnitud)*
SuB:	*Über Sinn und Bedeutung (Sobre sentido y significado)*
T:	*Gottlob Freges politisches Tagebuch (Diario político de Gottlob Frege)*
ÜGG II:	*Über die Grundlagen der Geometrie. II (Sobre los fundamentos de la geometría II)*
ÜZB:	*Über den Zweck der Begriffsschrift (Sobre la finalidad de la Conceptografía)*
Vern:	*Die Verneinung (La Negación)*
WB:	*Wissenschaftlicher Briefwechsel (Intercambio de cartas científicas)*
WiF:	*Was ist eine Funktion? (Qué es una función?)*

(Todas las citas corresponden a la paginación original)

Ediciones utilizadas de la obra principal de Frege:

Begriffsschrift, eine der arithmetischen nachgebildete Formelsprache des reinen Denkens. Halle/Saale 1879. (**BS**)
Begriffsschrift und andere Aufsätze, edición de I. Angelelli, Darmstadt (y otros) 1977. Allí dentro, entre otros: **ÜZB**
Die Grundlagen der Arithmetik. Eine logisch mathematische Untersuchung über den Begriff der Zahl. Breslau 1884. (**Gla**) Aquí existen dos alternativas: la edición de C. Thiel: Centenarausgabe (Hamburg 1986) y la de J. Schulte procurada por la Editorial Reclam (Reclam-Ausgabe) (Stuttgart 1995). La edición de Thiel es rica y excelentemente comentada. La edición de Schulte es considerablemente más barata. Ambos textos poseen prólogos y epílogos dignos de leerse.
Grundgesetze der Arithmetik. Begriffsschriftlich abgeleitet. Hildesheim 1962. (**Gg I** y **II**)

Las ediciones más importantes de los artículos de Frege:

Funktion, Begriff, Bedeutung. Editor: G. Patzig, Göttingen 1962. Allí entre otros: **FuB, SuB, BuG, WiF**.
Logische Untersuchungen. Editor: G. Patzig, Göttingen 1966. Allí entre otros: **Ged, Vern, Gdfg, KrBe**. (La lectura de las introducciones de Patzig a ambos volúmenes es muy provechosa)
Kleine Schriften. Editor: I. Angelelli, Darmstadt 1967. Allí entre otros: **BSPe, Rech, FuB, BuG, WiF, ÜGG II, Ged, Vern, Gdfg**.

Escritos póstumos e intercambio de cartas científicas de Frege

Nachgelassene Schriften, edición de: H. Hermes, F. Kambartel, F. Kaulbach, Hamburg 1983. (**NS**)
Wissenschaftlicher Briefwechsel, edición de G. Gabriel (entre otros), Hamburg 1976. (**WB**)

Material biográfico

G. Gabriel, W. Kienzler (editores), *Frege in Jena*, Würzburg 1997.
_____ "Gottlob Freges politisches Tagebuch", Deutsche Zeitschrift für Philosophie 1994, 42, Nr. 6, pp. 1057-98.
G. Gabriel/U. Dathe (editores) *Gottlob Frege*, Paderborn 2000.
L. Kreiser: *Gottlob Frege. Leben, Werk, Zeit*, Hamburg 2001.

Introducciones de gran utilidad:

E. Anscombe, P. Geach, *Three Philosophers*, Oxford 1961.
M. Beaney, *Frege. Making Sense*, London 1996.

G. Curry, *Frege. An Introduction to his Philosophy*, Harvester 1982.
A. Kenny, *Frege*. London 1995.
W. Künne, "Gottlob Frege" en: T. Borsche (editor), *Klassiker der Sprachphilosophie: Von Platon bis Chomsky*, München 1996.
F. von Kutschera, *Gottlob Frege: Eine Einführung in sein Werk*, Berlin 1986.
V. Meyer, *Gottlob Frege*, München 1996.
T. Ricketts (editor), *The Cambridge Companion to Frege*, Cambridge 2001.
H. Sluga, *Gottlob Frege*. Oxford 1980.
C. Thiel, *Sinn und Bedeutung in der Logik Gottlob Freges*, Meisenheim 1965.
J. Weiner, *Frege*, Oxford 1999.

Meritorio e irrenunciable:

M. Dummett, *Frege: The Philosophy of Language*, London 1973.
_____ *Truth and Other Enigmas*, London 1978.
_____ *The Interpretation of Frege's Philosophy*, London 1981.
_____ *Ursprünge der analytischen Philosophie*, Frankfurt/M. 1988.
_____ *Frege and other Philosophers*, Oxford 1991.
_____ *Frege: Philosophy of Mathematics*, Cambridge/Mass. 1991.

Publicaciones y antologías especializadas:

W. Carl, *Frege's Theory of Sense and Reference*, Cambridge 1994.
_____ *Sinn und Bedeutung*, Königstein/Ts 1982.
W. Demopoulos, *Frege's Philosophy of Mathematics*. Cambridge/Mass. 1997.
G. Falkenberg, *Sinn, Bedeutung, Intentionalität*, Tübingen 1998.
R. Heck (editor), *Language, Truth and Logic*, Oxford 1997.
U. Kleemeier, *Gottlob Frege. Kontext-Prinzip und Ontologie*, Freiburg 1997.
I. Max/W. Stelzner (editores), *Logik und Mathematik*, Berlin/New York 1995.
M. Schirn (editor), *Frege: Importance and Legacy*, Berlin 1996.
W. Stelzner (editor), *Philosophie und Logik*, Berlin/New York 1995.
M. Stepanians, *Frege und Husserl über Urteilen und Denken*, Paderborn 1998.
R. Stuhlmann-Laeisz, *Gottlob Freges Logische Untersuchungen*, Darmstadt 1995.
C. Wright, *Frege's Conception of Numbers as Objects*, Aberdeen 1983.
_____ (editor), *Frege: Tradition and Influence*, Oxford 1984.

NOTAS

[1] A.N. Whitehead/B. Russell, *Principia Mathematica*, Frankfurt/M. 1986, p.6.
[2] E. Anscombe, P. Geach, *Three Philosophers*, Oxford 1961, p. 129s.
[3] L. Wittgenstein, *Tractatus logico-philosophicus*, Frankfurt/M., 4.003.
[4] R. Carnap/ H. Hahn/ O. Neurath, *Wissenschaftliche Weltauffassung: Der Wiener Kreis*, in: H. Schleichert (ed.), Logischer Empirismus – Der Wiener Kreis, München 1975.
[5] L. Wittgenstein, *Tractatus logico-philosophicus*, Frankfurt/M., 4.0031.

⁶ Carta de B. Russell a J. van Heijenoort, 23.11.1962. Impresa en J. van Heijenoort (editor), *From Frege to Gödel*, Cambridge/Mass. 1967, p. 127.
⁷ R. Carnap, *Mein Weg in die Philosophie*, Stuttgart 1993, p.7.
⁸ En el siglo 19 todavía nadie sospechaba que fuese imposible una completa axiomatización de la aritmética, en el sentido de una reducción de todas las verdades aritméticas a una cantidad visualmente captable de leyes fundamentales elementales. Este resultado fue probado en 1931 por Gödel (1906-1978). Sin embargo esto no excluye que al menos las leyes más simples y fundamentales de la aritmética son reducibles a una cantidad visualmente captable de axiomas.
⁹ Carta de Dedekind al Dr. H. Keferstein. Hasta donde sé todavía no ha sido publicada pero es citada detalladamente en la traducción inglesa: H. Wang, *The Axiomatization of Arithmetic*, Journal of Symbolic Logic 22, 1957, pág 150-1.
¹⁰ Confrontar con R. Heck, The Development of Arithmetic in Frege's "Grundgesetze der Arithmetik", en: W. Demopoulos (editor.), *Frege's Philosophy of Mathematics*, Cambridge, Mass. 1997, pág. 284. – Frege conocía el escrito de Dedekind aparecido en 1888 con el nombre de *Was sind und was sollen die Zahlen?* (¿Qué son y para qué sirven los números? (Trad. de José Ferreiros, N. del T.)) y lo aprecia como "lo más importante que me ha llegado en el último tiempo sobre la fundamentación de la aritmética". (Gg I, vii) Pero, en primer lugar, los axiomas de Peano y Dedekind no se mencionan de modo expreso en este escrito y en segundo lugar Frege habla ya en 1882 de "un libro ya casi completo" (WB, 193) el cual podría tratarse de una primera versión de su texto *Las leyes fundamentales de la aritmética* cuyo primer tomo apareció en 1893. Por tanto se puede partir, con cierta seguridad, de que Frege a más tardar en 1882 había formulado una lista propia de leyes fundamentales de la aritmética independientemente de Dedekind.
¹¹ Para evitar confusiones terminológicas en lo siguiente hablaré siempre de las "Leyes de Dedekind y Peano". "Axioma" lo aplico en el sentido aristotélico-euclidiano que también es decisivo para Frege: como nombre de una ley general cuya verdad es evidente y, por lo tanto, no necesita prueba.
¹² Con respecto al uso del lenguaje natural en el cual "hecho" a menudo es nada más que otra palabra para "verdad", el uso muy especial de Frege de esta expresión en los Fundamentos produce equívocos. Afortunadamente él no se ha atenido a esta terminología y el lugar citado es el único en el cual Frege usa esta palabra en un sentido técnico señalado.
¹³ Lamentablemente se busca en Frege en vano una explicación precisa de "intuición". Él aquí se refiere implícitamente a Kant, quien ha acuñado definitivamente este concepto. Según Kant la "intuición pura" es la fuente de conocimiento a priori que sustenta la estructura espacio-temporal de nuestra percepción sensible. Dummett, en *Frege and other Philosophers*, Cap7, § 5, intenta reconstruir la comprensión de Frege de este concepto.
¹⁴ Frege sólo menciona un ejemplo específico para una ley de este tipo: concluir según la inducción (empírica) se basa en "el enunciado general de que este procedi-

miento puede fundamentar la verdad, o por lo menos cierta probabilidad, de una ley". (Gla, § 3, nota al pie)

[15]. Frege tampoco se refiere al status de las definiciones con las que podemos tropezar al remontar hasta sus orígenes el encadenamiento de consecuencias. Más tarde distingue él entre definiciones "por composición" y "por descomposición". Las primeras son una mera abreviatura y pueden ser eliminadas. Las últimas son el resultado de un análisis conceptual y como tales son "aprehendidas como axiomas". (NS, 227)

[16] Para poder diferenciar el libro del lenguaje formal del mismo nombre presentado por primera vez aquí, utilizo 'Conceptografía' para señalar el libro, mientras que para el lenguaje formal utilizamos 'conceptografía'.

[17] I. Kant, *Kritik der reinen Vernunft*, B viii.

[18] "Si x tiene una propiedad F que se hereda en la serie f, y si y sigue a x en la serie f, entonces y tiene la propiedad F" (BS, § 27, teorema 81) En una nota a pie de página Frege remarca: "En esto descansa la inducción bernoulliana".

[19] Mi uso de las letras x, y, z, corresponde al uso que hace Frege de las letras latinas a, b, c, etc. y no de las alemanas o griegas. (BS, § 11) En "x es confuso" no se trata ni de una oración "abierta" (en el sentido hoy habitual) ni de un predicado.

[20] Como mencionamos más arriba, la notación empleada aquí no es la conceptográficamente original sino una variante basada en el lenguaje simbólico de Peano y Russell.

[21] Agrega además: "al menos en todos los casos en que de más de un solo juicio se deriva uno nuevo". (BS, § 6) Esta restricción es necesaria, pues, Frege utiliza además una regla de sustitución.

[22] La traducción de los signos de Frege a una notación más corriente en nuestros días no deja de ser problemática. Como ya lo mencionamos, las fórmulas son para Frege oraciones completas, no meros esquemas de oraciones que se convierten en oraciones llenas de sentido mediante un acto de interpretación. Por eso debemos advertir que las letras deben ser entendidas a la luz de las aclaraciones realizadas más arriba en el § 5 y que Frege considera como una monstruosidad las letras que no pueden ser relacionadas (al menos implícitamente) con un cuantor. Ellas no intervienen pues en la conceptografía.

[23] En el tiempo de los *Fundamentos* Frege no disponía aún de su famosa distinción entre "sentido" y "significado". El término "significado" no es aquí aún un término técnico.

[24] Esta comprensión no corresponde al sentido que "conjunto" tiene en el lenguaje utilizado en nuestros días por la mayoría de los matemáticos y los lógicos. Aquello que Frege designa en los *Fundamentos* como "cantidad" son totalidades mereológicas constituidas de partes, esto es, son entidades no abstractas compuestas de elementos. En la perspectiva de Frege, los números, como ya veremos, también son «conjuntos» en el sentido moderno de la palabra, para los que él mayormente utiliza el nombre de «clase». En escritos posteriores utiliza algunas veces "conjunto", también, en el sentido corriente, es decir, como variante estilística de "clase".

²⁵ Cf. A. Kenny, *Frege*, London 1995, Cap. 4; Dummett, *Frege and other Philosophers*, Cap. 8.
²⁶ Cf. R. Rorty (ed.): *The Linguistic Turn*, Chicago 1967; M. Dummett, *Die Ursprünge der analytischen Philosophie*, Frankfurt/M. 1988.
²⁷ Frege agrega al respecto en *Fundamentos*, que el signo de igualdad puede ser explicado mediante una ley lógica (ver Gla, § 65) y esto se remonta a Leibniz. Más tarde calificará a la identidad como indefinible, justificándose en que toda definición presupone ya el entendimiento de la identidad.
²⁸ Históricamente parece más apropiado que este principio lleve el nombre de Georg Cantor (1845-1919), matemático y colega de Frege. Fue Cantor, ante todo, quien generalizó esta idea y la hizo fructífera para las matemáticas.
²⁹ De aquí proviene la indicación "problema del César". Recién en el § 56 hizo valer, contra una definición anterior, que ésta no permite decidir si Julio César es un número: "pero, mediante nuestras definiciones, nunca podremos decidir –para dar un ejemplo burdo- si a un concepto le corresponde el número Julio César, ni si este famoso conquistador de las Galias es un número o no".
³⁰ Las extensiones de conceptos (clases) son una especie particular de 'curso de valores', propiamente de funciones cuyos valores son valores veritativos. Cf. Cap. 5, §4.
³¹ Tomadas de modo estricto, las leyes aritméticas que Frege prueba de manera informal en los Fundamentos concuerdan sólo en parte con las leyes de Peano y Dedekind.
³² En nuestros días, por cierto, sólo unos pocos lógicos y filósofos reconocen la extensión de conceptos como objetos lógicos. Pero antes del descubrimiento de la antinomia de Russell no había ninguna razón fundada para una duda de este tipo. Ella satisface seguramente el criterio de generalidad de Frege, y a pesar de todo el escepticismo que suscita su admisibilidad como principio, ni Frege ni ningún otro en el siglo XIX tuvo dudas sobre su genuino carácter lógico (aunque antes de Frege casi nadie se había planteado esta pregunta de modo explícito): "Pasamos a la extensión de conceptos. La palabra misma nos indica ya que no nos relacionamos ni con lo físico y espacial, sino con la lógica. Por medio de nuestras habilidades lógicas capturamos la extensión de conceptos, a partir de conceptos". (NS, 197)
³³ En la literatura secundaria se encuentra también frecuentemente la designación "Antinomia de Russell y Zermelo". El lógico Ernst Zermelo (1871-1953) la descubrió un poco antes e independientemente de Russell, pero no la publicó.
³⁴ El primero que había visto esto claramente, con todas sus consecuencias, fue Charles Parsons. Pero antes de eso, C. Wright (en *Frege's Conception of Numbers as Objects*, Aberdeen 1983) había llevado adelante una nueva evaluación de la filosofía de la matemática de Frege.
³⁵ G. Boolos, The consistency of Frege's Foundation of Arithmetic, en: W. Demoupolos (editor), *Frege's Philosophy of Mathematics*, Cambridge/Mass. 1987, p. 232. Cf. también R. Heck, The development of Arithmetic in Frege's "Grundgesetze del Arithmetik", loc. cit.

³⁶ Tanto aquí como en todo el libro, por otra parte, utilizo las expresiones "semántica" y "semántico" en el sentido estrecho que acabamos de explicitar. Otros autores lo emplean a menudo con muchos otros significados que son más o menos sinónimos de "teoría del significado" entendida como una teoría amplia del comprender. En cambio en mi interpretación, "semántica" responde a lo que Frege entiende por "Teoría del significado".

³⁷ De hecho, como lo veremos más adelante (Cf. § 5), los términos conceptuales son, en la semántica ya madura de Frege, una clase importante de "nombres de función", y las oraciones aseverativas, aquellas que pueden presentarse como parte de oraciones articuladas, son una clase especialmente importante de nombres propios.

³⁸ El principio de realidad, como lo veremos en el capítulo 6, §4, posee prioridad sobre el principio salva veritate en la medida en que las intuiciones de Frege sobre el dominio de objetos de nuestro discurso lo conduce a realizar una distinción entre contextos diferentes (discurso habitual, citas y discurso indirecto), que cada vez permite una aplicación del test salva veritate, pero solamente en el interior de cada contexto.

³⁹ Yo lo simplifico un poco aquí. Debemos notar que estas conjunciones, a pesar de su equivalencia semántica, en cuanto al contenido (esto es, según el sentido$_F$ fregeano, ver Cap. 7) no coinciden: ver NS, 230s.

⁴⁰ Al hablar de "identidad" debemos ser cuidadosos, pues, de la distinción categorial entre conceptos y objetos se deduce para Frege también que los conceptos y los objetos nunca pueden estar en la misma relación. La identidad entre objetos es algo totalmente distinto que la identidad entre conceptos y el uso del mismo término ("identidad") es potencialmente confuso: "Al hablar de igualdad ("identidad") sólo podemos referirnos a objetos". (NS, 198)

⁴¹ La restricción de expresiones designadoras es necesaria pues no todas las expresiones en una oración poseen la función de corresponder a algo (estar en lugar de algo). (ver Cap. 3, § 5) Así, por ejemplo, las letras en la conceptografía sirven para expresar generalidad. Ellas no designan nada (no poseen significado$_F$).

⁴² En Las leyes fundamentales, Frege utiliza los signos griegos "ξ" y "ζ" con el mismo fin. (Gg I, § 1) Puesto que ellos señalan los lugares de argumentos que deben ser siempre rellenados en las pruebas, no pertenecen al vocabulario del la conceptografía sino que sólo es un medio para la aclaración de los signos y las reglas, así como en la explicación de las etapas de una prueba. (Cf. Gg I, 6 nota al pie) Lo mismo vale para mí, naturalmente, cuando utilizo los paréntesis y corchetes.

⁴³ Para remarcar esta analogía Frege dice algunas veces que un concepto no cae en otro sino bajo otro. (Cf. BuG, 200) Tomado de modo estricto, este modo de hablar no se encuentra libre de objeciones pues sugiere erróneamente que los objetos y los conceptos no sólo se encuentran en una relación análoga sino que también pueden hallarse en la misma relación.

⁴⁴ Por eso falla para Frege la "prueba ontológica de la existencia de Dios" basada en San Anselmo de Canterbury (1033/4-1109). Anselmo considera erróneamente que

"Dios" en "Dios existe" debe ser entendido como un nombre propio y "existe" como un predicado de 1° nivel, respectivamente.

[45] Como en el caso del concepto de significado$_F$, el subíndice "F" debe indicar aquí también que "sentido" es un término técnico fregeano que no debe ser confundido con lo que entendemos habitualmente por la misma palabra. De acuerdo con lo que se entiende habitualmente podríamos decir seguramente que, por ejemplo, la palabra "yo" en español posee un sentido constante. Sin embargo (para Frege) su sentido$_F$ cambia con la persona que expresa esta palabra.

[46] Si es que este mixtum compositum en los pensamientos y valores veritativos corresponde en el mejor de los casos a la categoría más o menos popular en nuestros días de "circunstancia" (o "estado de cosas"). Otro tipo de contexto mixto pero esta vez entre entrecomillado y discurso directo, queda ejemplificado así: "América fue llamada América por Américo Vespucio". En esta paráfrasis, la primera aparición de América se refiere al continente americano, la segunda a la palabra "América" y por ello puede ser puesta entre comillas. De tal modo "América" posee en la oración inicial una doble función: la expresión significa$_F$ tanto el continente americano como así también la palabra "América".

[47] G. Frege, *Vorlesungen über Begriffsschrift*, en: History and Philosophy of Logic 17, 1996, p. 20.

[48] Cf. W. Künne, *Propositions in Bolzano and Frege*, Grazer Philosophische Studien, Vol. 53, 1997, 229ss.; M. Beaney, *Frege. Making Sense*, London 1996, p. 225ss.; M. Dummett, *Frege and other Philosophers*, loc. cit. p. 294ss.

[49] En otro lugar Frege denomina como equivalencia analítica (para el sentido epistémico que él le da al adjetivo "analítico", ver Cap. 2, §5) al criterio de identidad de pensamientos: "El pensamiento A = el pensamiento B ←analíticamente→ el valor veritativo del pensamiento A = el valor veritativo del pensamiento B." (Cf. WB, 105) A diferencia del criterio de equipolencia, Frege aquí desplazó el predicado „( ) es evidente" al lado derecho y por eso la relación de equivalencia se fortalece epistémicamente. ¡Pero todas las oraciones lógicamente equivalentes expresarían el mismo pensamiento! La restricción que realiza Frege de este criterio a oraciones, de las cuales "ninguna incluye una componente lógicamente evidente del sentido", no cambia que esta consecuencia también, desde su perspectiva, es absurda.

[50] ¿Qué sucede cuando dos emisores conectan el mismo nombre propio con distintos signos identificables y, por ello, con distintos sentidos$_F$? En ese caso, pues, no sólo se diferencia su modo de comprender ese nombre propio sino también de toda expresión en la cual ese nombre propio aparezca (a causa del principio de composicionalidad del sentido$_F$). En un caso así, según Frege, ellos "no hablan el mismo idioma" respecto de ese nombre propio. (Ged, 65) En la perspectiva de Frege se trata aquí de otra imperfección del lenguaje natural. Semejantes "oscilaciones del sentido$_F$" no [deberían] existir en un lenguaje perfecto". (SuB, 4 nota al pie)

[51] Yo me opongo aquí y en lo siguiente a una interpretación de la tesis fregeana de la no definibilidad que se remonta a M. Dummetts (*Frege: The Philosophy of Language*, London, 1973, p. 443 ss) y que parece ser de aceptación general. Según Dummet la

agudeza del argumento de Frege se encuentra en que, presuntamente, es una regresión al infinito: que para resolver la cuestión de si p, primero debemos resolver si es verdad que p; pero para resolver si es verdad que p, primero debemos resolver si es verdad que es verdad que p, y así hasta el infinito. Entendido así, pues, el argumento no es convincente y es francamente absurdo para un defensor de (Id). Por el contrario, en mi reconstrucción, (Id) es la premisa decisiva. Frege quiere mostrar que una definición por descomposición de "verdadero" se ve afectada de circularidad a causa de (Id). En lugar de una regresión al infinito, nos movemos en el lugar como un "trompo". (NS, 146)

[52] Aquí se encuentra expresada una identidad de sentido$_F$ sólo indirectamente pues la oración no trata directamente del sentido$_F$ de "ternero" sino que especifica de una manera determinada el concepto de ternero. Como lo muestra, pues, un vistazo en Gg I, parte I y SuB, 28, nota al pie, esta indicación indirecta del sentido$_F$ de un signo mediante un modo determinado de hablar de su significado$_F$, es el método preferido por Frege. En suma, el sentido$_F$ de un signo no es otra cosa que un determinado modo de hablar de su significado$_F$ (si es que lo tiene) o de pensar en él.

[53] "Si en una definición el signo de igualdad se encuentra entre los signos explicativos, debe ser comprendido como un signo de identidad; puesto que uno estipula que ese primer grupo de signos debe significar lo mismo que el segundo". (WB, 248) Cf. Las objeciones de Frege que se apoyan sobre este principio y en contra de ciertas definiciones que uno encuentra en Peano y Russell. (WB p. 181 ss o p. 247 ss)

[54] Para un análisis más amplio de esta problemática que se extienda más allá de Frege, comparar con W. Künne, *Conceptions of Truth*, Oxford, 2002, especialmente Cap. 6.

[55] Cf. con el concepto "illocutionary force" en John L. Austin, *How to do Things with Words*, Oxford 1962.

[56] Debemos observar, pues, que sólo las oraciones interrogativas que pueden ser respondidas con un "si" o un "no", son las que poseen un pensamiento completo para Frege. Las frases interrogativas como ¿Qué planeta se encuentra entre la tierra y Júpiter? Poseen como sentido sólo un fragmento de un pensamiento.

www.ingramcontent.com/pod-product-compliance
Ingram Content Group UK Ltd.
Pitfield, Milton Keynes, MK11 3LW, UK
UKHW021320180426
11947UKWH00015B/1349